KB167801

한국의 젊은 부자 농부들

리치 파머

Copyright ⓒ 2018, 김철수·김재후·고은이·강진규·홍선표
이 책은 한국경제신문 한경BP가 발행한 것으로
본사의 허락 없이 이 책의 일부 또는 전체를 복사하거나 전재하는 행위를 금합니다.

RICH

한국의 젊은 부자 농부들
리치 파머

김철수·김재후·고은이·강진규·홍선표 지음

Farmer

한국경제신문

새로운 도전과 아이디어로 성공한 '부자 농부'들의 이야기

○

○

"내가 지금 35세라면 당장 한국에서 농지를 사겠다." 미국 '월가의 전설'로 통하는 투자 대가 짐 로저스(로저스홀딩스 회장·76)가 한 말이다. 올 3월 모 국내 언론사가 연 농업 관련 포럼에서다. 그는 이어 "앞으로 주식중개인은 택시를 몰고 농부는 람보르기니(이탈리아의 고가 스포츠카)를 타게 될 것"이라고도 했다. 휴전선 인근 민간인 통제구역으로 귀농해 농사를 짓고 있는 한 중년 농부에겐 "땅을 더 사라"고 조언했다.

로저스가 농업을 '기회의 땅'으로 보는 근거는 뭘까. 그 핵심은 '바닥론'이다. 농업은 안전한 먹거리를 공급하는 필수 산업임에도 불구하고 제조업에 밀려 장기간 부진을 면치 못했다. 로저스는 그러나 세계 인구의 지속적인 증가에 따른 식량 수요 증가 등의 영향으로 농업이 되살아날 시점이라고 보는 듯했다. 뿐만 아니라 드론, 로봇 등 첨단 농기계들이 농업 생산성과 농민들의 삶을 바꿔놓을 것으로 내다봤다. "무엇보다 경쟁의 정도가 다른 산업에 비해 크게 낮기 때문에 젊은이들에겐 새로운 기회가 될 수 있다"고 진단했다.

로저스의 긍정론에 대해 한국 농부들은 어떻게 생각할까. 한국 농업은 일부 작물을 제외하곤 여전히 영세성에서 벗어나지 못하고 있다. 의미 있는 투자를 통해 '규모의 경제'를 이룬 농부의 비율은 그리 높지 않다. 이런 점을 감안할 때 "로저스의 말은 한국 물정을 모르는 소리"라고 얘기할 농민들이 더 많을 듯하다.

실제 한국 농업의 현실은 그리 녹록지 않다. 농민 소득이 꾸준히 늘어나고는 있지만 도시민 평균 소득엔 아직 크게 못 미치고 있다. 인구 감소에 이은 빠른 고령화로 일부 농촌에선 '지역 소멸'의 우려까지 나오고 있다. 도시에서의 구직난과 반대로 농촌에선 일손을 구하지 못해 외국인 근로자에게 농업의 상당 부분을 의존하고 있는 실정이다.

그러나 곳곳에서 희망 징후들도 보여진다. 다양한 아이디어로 무장한 젊은이들이 농업 분야로 속속 들어오고 있다. 부모님의 농사 경험에 IT(정보기술)와 새로운 마케팅 기법을 접목하려는 젊은 후계농들도 늘어나고 있다. 기존 농업에 신기술을 접목하거나 틈새시장을 파고들어 소비자들을 끌어들이는 노력도 이어지고 있다.

이 책은 바로 새로운 도전을 통해 결과물을 만들어내고 있는 '부자 농부'들의 얘기를 담고 있다. 휴대폰에 1만 여명의 고객명단을 확보하고 수억 원의 매출을 올리는 쌀 농부, 새로운 아이디어로 감자 시장에 뛰어들어 수십 억 원의 매출을 올리고 있는 젊은 감자맨들, 버려지던 시래기로 대박을 터뜨린 귀농인, '파란색과 하얀색 장화 원칙'을 통해 상위 1퍼센트 양돈농장을 일군 축산 농부, 귀농 3년 만에 생산성 상위 1퍼센트 딸기 농장을 만든 대기업 출신, 바텐더에서 국내 대표적인 식용 허브 농장주가 된 20대 여성 농부. '올드'하다는 느낌이 강한 한국 농업에 새 바람을 불어넣고 있는 주역들이다.

이 책은 또 이들 '농업 인재'들의 성과물뿐만 아니라 그들이 실행한 다양한 아이디어와 시행착오를 함께 전달한다. 농업에서 새로운 사업 기회를 찾으려는 독자들에게 '통찰력(인사이트)'을 제공하는 데 초점을 맞췄다. 또 젊은 귀농인이나 귀농 예정자들에겐 책 등장인물이 벤치마킹 대상이 될 것으로 기대한다.

얼마 전 경상북도의 한 귀농인을 만났다. 대형 BMW(독일의 고급 승용차)를 몰고 나타났다. '로저스 람보르기니론(論)'의 일단을 보는 듯해 너무 반가웠다. 성공과 부를 함께 일구는 '리치 파머'가 많아질수록 농촌으로 향하는 젊은이들은 늘어날 것이다. 이렇게 될 때 한국 농업의 경쟁력은 저절로 높아지고 갈수록 커지고 있는 '지방 소멸'에 대한 우려는 자연스럽게 사라질 것이다.

책 발간을 계기로 인터뷰를 통해 자신의 경험과 노하우를 흔쾌히 들려준 농업인과 벤처기업인, 귀농인, 연구원 등에게 다시 한 번 감사의 말씀을 드린다.

2018년 6월

김철수

○ **차 례** ○

CHAPTER 5
기술에 답이 있다

THE
RICH
FARMER

CHAPTER 6
경험을 뛰어넘어라

CHAPTER 1

농업 블루오션을 선점하라

THE
RICH
FARMER

3등급 한우의 변신
'안티 마블링'

○
○

　　　　　　변동훈 ㈜네이처오다 대표가 운영하는 축산물 쇼핑몰
에는 1등급 한우가 없다. 등급 기준으로 치자면 소비자들에게 외면받기
딱 좋은 3등급 한우만 판다. 1등급 '투뿔(1++)' 한우를 가장 선호하는 한
국인의 입맛을 생각하면 고개를 갸우뚱하게 된다. 그가 고집스럽게 '3
등급 한우 쇼핑몰'을 운영하고 있는 이유는 무엇일까?

　그것은 '안티 마블링anti marbling'을 알리기 위해서다. 마블링(육류를 연하
게 하고 육즙이 많게 하는 지방의 분포)은 한우 등급을 매길 때 가장 중요시하는
기준 중 하나다. 이 마블링 때문에 대다수 농가들이 소의 본래 먹이인
풀 대신 고열량 곡물사료를 많이 먹인다는 주장도 있다. 소고기는 마블
링이 많고 등급이 높을수록 더 맛있고 좋은 고기라는 통념이 널리 퍼져
있기 때문이다. 변 대표는 대안을 찾기 시작했다. 그래서 찾아낸 것이
바로 '저지방 한우'다. 변 대표가 판매하는 한우는 마블링이 많지 않다.

대신 넓은 공간에서, 좋은 사료를 먹고, 건강하게 자라난 한우만을 공급한다.

이렇게 정성껏 키운 한우지만 한국식 분류 기준으로 측정했을 때 대부분 3등급을 받는다. 소비자의 건강과 직결되는 사육 환경과 조건보다 마블링을 주요 심사 기준으로 하는 소고기 등급제가 시행되고 있기 때문이다. 하지만 3등급 유기농 한우는 지방이 적당히 분포해 오히려 육질이 더 곱고 연하다는 게 변 대표의 설명이다.

㈜네이처오다에서는 유기농 한우 사골과 반골고리, 마구리, 잡뼈를 고아 만든 곰탕도 판다. 기름기가 적어 오히려 국물이 담백하다는 평가다. 변 대표는 사업으로 눈코 뜰 새 없이 바쁜 와중에도 단국대학교 환경자원경제학과에서 소고기 등급의 경제적 효과를 중심으로 박사 논문을 준비 중일 정도로 열정적이다.

○ 마블링에 의심을 품었던 서울 청년

그는 결혼 전까지 농사나 축산업과는 전혀 상관없는 삶을 살았다. 대학 때 전공은 경영학으로 마케팅 석사 과정까지 마친 상태였다. 그런데 결혼 후 아이를 낳으면서 서울을 벗어나기로 결심했다. 아이가 좀 더 자유롭게 뛰어놀 수 있는 환경을 찾아나선 것이다. 마침 장인이 충남 아산에서 친환경 농업을 하고 있었다. 그는 아내와 의논 끝에 2009년 아산으로 내려왔다. 그것이 그가 축산에 발을 들여놓게 된 시작이었다.

처가에 새 둥지를 튼 그는 조금씩 농사를 지었다. 하지만 실패의 연속이었다. 처음에는 20평 크기의 밭에 마 농사를 지었고, 다음에는 900평 규모의 밭에 유기농 고구마를 키웠다. 고구마를 수확할 때는 일손이 부족해 쩔쩔매기도

했다. 서울 청년들을 상대로 '고구마 원정대'를 모집하기도 했다고 한다. 그런데 이 역시 녹록지 않았다. 맛있는 고구마를 거두기 위해 태평농법이라는 것을 활용했는데, 고구마 줄기보다 잡초 줄기가 더 많았다. 유기농을 고집하다 보니 제초제를 쓰지 않은 까닭이다. 비닐도 6개월이면 녹아서 분해되는 바이오 비닐을 사용했더니 잡초와 상호작용을 일으켜 잡초가 고구마 밭을 뒤덮는 사태가 벌어지고 말았다. 한마디로 참담했다.

그러나 시련만 있었던 건 아니다. 돈 주고도 살 수 없는 교훈을 얻었다. 농사를 짓다 보니 자연스럽게 친환경 비료에 관심이 생긴 것이다. 원래 퇴비로는 가축 분뇨가 최고다. 그의 관심은 유기농 축산으로 옮겨갔다. 농사 부산물(볏짚, 콩 부산물, 풀 사료)을 한우에 먹이고, 그 분뇨를 발효시켜 논밭에 퇴비로 다시 돌려주는 방식에 눈을 뜨게 된 것이다. 마침 처가가 있는 아산에 이런 유기농 축산을 하는 곳들이 있었다.

○ 스스로 터득한 자연 순환 농법

그의 눈에 비친 대다수 축산 농가들의 소 사육 방식은 조금 이상했다.

소를 최대한 살찌우기 위해 옥수수 사료를 잔뜩 먹이는 곳들이 많았던 것이다. 움직이지 못하게 가둬놓고 사료만 먹여서 키우니 당연히 건강하지 않고, 필연적으로 항생제까지 먹여야 하는 상황이었다. 마블링이 문제였다. 마블링 위주의 등급제 때문에 많은 농가들이 이런 잘못된 방식으로 소를 키우고 있었다. 지방이 많아야 좋은 등급을 받으니 그들로서도 어쩔 수 없는 생존의 문제였다. 하지만 그는 달랐다. 잘못 만들어져 있는 기준을 바꿔야겠다고 생각한 것이다. 그래서 그는 이때부터 사람과 동물에 모두 이로운 생산과 소비 환경을 만들자는 생각에서 '안티 마블링 운동'을 시작했다.

"지방이 많은 소고기가 좋은 소고기라는 기준은 도대체 누가 정했을까요? 담백한 맛을 좋아하는 사람도 있고, 기름진 맛을 좋아하는 사람도 있지 않습니까? 이 중 기름진 맛이 '좋은 맛'이라는 판정 기준의 근거가 너무 모호한 겁니다."

그의 소신은 확고했다. 마블링이 많은 고기가 왠지 더 맛있을 것 같다는 생각은 순전히 학습된 결과일 뿐이라는 게 그의 생각이다. 그래서 그는 모 방송사와 함께 여러 차례 블라인드 테스트를 진행해본 적이 있다. 시식 평가단에게 오로지 맛으로만 평가해 달라고 요청한 뒤 마블링이 많은 1등급 한우와 변 대표가 키운 마블링이 적은 3등급 한우를 각각 눈을 가린 채 시식하게 한 것이다. 결과가 어땠을까? 맛의 차이가 느껴지지 않는다는 의견과 변 대표의 3등급 유기농 한우가 더 맛있다는 평이 많았다.

"한번 눈 감고 드셔보시면 알 거예요. 3등급을 받은 유기농 소의 등심은 결 조직이 그물망 형태로 이뤄져 육질이 곱고 연합니다. 지방도 과하지 않고 적당하게 분포해 있습니다. 국거리로 쓸 수 있는 양지나 사태는 지방이 적어 육질이 질길 수 있지만, 장시간 끓이면 국물 맛이 담백하고 구수해집니다."

그는 자신이 파는 고기에 대한 확신과 자부심으로 똘똘 뭉쳐 있었다.

○ 안티 마블링은 '알고 먹자'는 운동

하지만 오랫동안 사람들 사이에 자리 잡고 있던 한우에 대한 인식을 하루아침에 바꿀 수는 없었다. 시간이 필요했다. 마블링이 무조건 좋지 않은 거라고, 그러니까 마블링이 많은 고기를 먹지 말자고 해서는 역효과가 날 수 있었다. 그는 차근차근 설득을 해나가면서 한우 시장이 저지방 중심의 유기농 한우를 선택할 수 있는 시장으로 옮아갈 수 있도록 노력했다. 이런 일환으로 그는 유기농 한우 전도사로 자처하며 여기저기 강연을 다니기 시작했고, 마침내 유기농 축산 쇼핑몰도 열게 되었다.

"지금 체제는 소비자는 물론 생산자도 모두 손해를 보는 구조입니다. 정상적으로 키우면 소는 24개월이면 도축을 합니다. 하지만 마블링을 만들려면 30개월 이상을 키워야 합니다. 그러다 보니 사육비가 많이 듭니다. 만약 1등급을 받는 데 '실패'하면 큰 손해를 입게 되는 것이죠. 그 위험 부담이 또 한우 가격에 고스란히 반영됩니다. 생산자는 불안에 떨고, 소비자들은 덜 건강한 소를 비싼 돈을 주고 사먹는 아이러니한 일이 일어나게 되는 겁니다."

그의 설명에 따르면 우리나라 소비자들이 마블링 위주로 고기를 먹다 보니 특정 부위에 대한 선호 현상이 심해졌다고 한다. 그 외 나머지 부위는 '비인기 상품'이 돼버린 것이다. 인기 없는 부위의 고기 값은 낮아질 수밖에 없다. 그러면 축산업자들은 낮은 가격을 만회하기 위해 인기 부위의 가격을 올리게 된다. 비인기 부위 재고가 누적되면서 생기는 보관비, 유지비, 장기 보관 물량 폐기 처분 비용 같은 유통비 부담이 가격에 더해진 탓이다. 서민들을 위해 사회적 자원을 써가며 육성해온 한우 산업이 사실상 사치재 산업으로 전락하게 된 이유가 바로 여기에 있었다.

그렇다면 이를 해결할 수 있는 방법은 무엇일까? 현행 등급제는 1등급 중에서도 원플러스, 투플러스 등급이 있는데, 이를 없애고 간략하게 만들어야 한다. 그러면 등급에 따른 가격 격차가 줄어든다. 농부들은 등급 판정에 따라 수매가가 크게 좌우된다는 불안감을 떨쳐낼 수 있고, 소비자들은 더 싼값에 한우를 먹게 되는 것이다. 등급뿐 아니라 월령과 육량 등 다른 기준을 추가적으로 표기하는 것도 좋은 방법이다. 이렇게 하면 소비자들의 선택 기준을 훨씬 더 넓혀줄 수 있다.

과연 그렇게 될 수 있을까?

"사실 내가 왜 이 일을 하고 있나 싶을 때도 많았어요. 하지만 조금씩 사람들의 인식이 달라지고 있다는 게 느껴집니다. 맨 처음 쇼핑몰을 시작할 때 연매출이 500만 원이었어요. 그런데 2016년에는 매출이 3억 원까지 늘었습니다. 이렇게 계속 알리다 보면 사람들도 저지방 중심의 유기농 한우에 대한 가치를 더 인정해주게 될 거라고 믿고 있습니다."

경영학을 전공한 서울 청년이 어떻게 시골로 내려와 소를 키우며 마블링 전쟁의 최전선에서 고군분투하고 있는 것일까? 처음엔 대견하다는 정도의 생각이 들었지만 그의 각오와 목표는 분명했다. 그가 꿈꾸는 세

"조금씩 사람들의 인식이 달라지고 있다는 게 느껴집니다.

이렇게 계속 알리다 보면 사람들도

저지방 중심의 유기농 한우에 대한 가치를

더 인정해주게 될 거라고 믿고 있습니다."

_ ㈜네이처오다 변동훈 대표

상은 다양한 취향이 존중받는 세상이다. 자신의 세 딸들이 살아갈 미래의 식탁이 건강한 한우와 신선한 식재료로 가득 찰 수 있는 세상을 만드는 것이 바로 자신이 해야 할 일이다. 불끈 쥔 그의 주먹에서는 자신감이 흘러넘쳤다.

이태원 바텐더에서
2천 평 허브 농장주로!

○
○

　　2012년 고등학교를 졸업한 박가영 씨는 바텐더가 되기로 결심했다. 스무 살 때였다. 칵테일을 너무 좋아한 나머지 아예 진로를 그 방향으로 정한 것이다. 그녀가 가장 좋아한 칵테일은 '모히토 가서 몰디브 마신다'는 모 영화 대사의 그 '모히토'였다. 쿠바 아바나가 발상지인 모히토는 럼Rum을 기본으로 한 럼 스매시에 레몬이나 라임주스를 첨가해 만든다. 노벨문학상을 받은 미국 작가 헤밍웨이가 좋아한 칵테일로 유명하다.

　　그녀는 결심을 즉시 실천에 옮겨 서울 이태원 인근의 한 칵테일 바에서 바텐더로 일하게 되었다. 그러던 어느 날 아침 그녀는 매장에 배송된 허브 꾸러미를 보고 깜짝 놀랐다. 믿을 만한 곳에서 주문했는데도 품질이 엉망이었던 것이다. 모히토의 재료로 쓰이는 민트의 상태는 더 심각했다. 배송 과정에서 많이 상한 것 같았다. 그런 민트로 모히토를 만들고 싶지 않았다. 고민 끝에 그녀는 자신이 직접 허브를 기르기로 했다. 우선 취미 삼아 15평짜리 미니 텃밭을 만들어 허브를 심어봤다. 생각보다 괜찮았다. 자신감이 붙자 그녀의 텃밭은 점점 넓어지기 시작했다. 어느덧 그녀의 텃밭은 제법 큰 농장이 되었다.

박가영 씨의 허브 농장은 경기도 수원시 이목동에 있다. 농부가 된 지 벌써 5년차다.

○ 바텐더에서 허브 농장 경영주로

허브는 딴 지 1~2주면 시든다. 유통 과정을 거치면서 품질이 급격하게 떨어지는 것이다. 따라서 직접 재배해서 유통 단계 없이 바로 식당에 가져다줄 수 있으면 품질을 크게 높일 수 있다. 그녀의 예상은 적중했다.

수원에 있는 허브 농장은 1,000평 정도다. 2017년부터는 경기도 화성시에 새로운 농장 한 곳을 더 꾸리고 있다. 하우스 한 동은 그녀가 직접 지었고, 또 다른 하우스 한 곳은 임차했다. 총 규모는 2,000평이다. 주로 민트를 재배한다. 한국에서는 그나마 대중성이 있는 게 민트다. 그 외에는 로즈마리, 레몬버베나, 바질, 라벤더, 파인애플세이지 등을 다양하게 키운다. 2018년에는 꽃을 많이 심었다. 한련화를 비롯해 주로 먹을 수 있는 꽃들이다.

좋아하는 일이 직업이 되고, 취미 삼아 벌인 일이 사업이 되었으니 얼마나 좋을까?

초창기 그녀 농장의 가장 큰 특징은 도매시장에 상품을 내놓지 않는다는 점이었다. 도매시장에 물건을 내놓으면 유통 단계를 줄이기 어려웠기 때문이다. 여러 단계를 거치면 신선한 허브를 팔기 어렵다. 또 도매시장은 가격변동이 너무 심하다. 1만 원은 받아야 되는데, 2,000원도 안 되는 가격에 팔린다든지 하면 아무리 열심히 일을 해도 돈을 벌 수 없다.

그녀가 선택한 방법은 직거래였다. 주문을 받으면 배송 당일 아침 바로 수확해 오후에 작은 트럭을 타고 직접 배송한다. 수도권이 아닌 먼 곳에서 주문이 들어오면 택배로 보낸다. 허브의 생명은 신선도라는 걸 잘 알고 있는 칵테일 바 같은 외식 업체들에서 주문이 온다. 중소 프랜차이즈 업체도 있고, 개인 카페도 있다. 고정적으로 허브를 납품하는 곳이 대략 100곳쯤 된다. 첫 거래처는 서울 이태원에 있는 칵테일 바였다. 개인적인 친분이 있어서 납품하게 됐다. 바텐더로 같이 일하던 동료들이 가게를 옮길 때마다 그녀의 허브를 추천했다.

처음에는 SNS를 활발히 하다가 농장 일이 너무 바빠 주춤했지만 최근 다시 SNS를 통해 홍보와 판매에 많은 신경을 쓰고 있다. 나아가 이제부터는 체험 농장 운영을 계획하고 있다. 이를 위해 수원 농장의 시설을 정비했다. 매출 확대를 위해 소매 판매도 시작했다. 수원 광교에 있는 로컬 푸드 매장에서 제품을 팔고 있다. 그리고 디자이너인 언니 박선영 씨도 농장 일에 합류해 현재 공동대표를 맡고 있다. 아버지는 시설을, 어머니는 농사를, 언니는 홈페이지를 관리해주고 있어 가족 모두가 허브 농사를 짓고 있는 셈이다.

○ 판로를 고민하는 것이 중요하다

그녀는 고등학교 다닐 때까지 알파인 스노보드(긴 널빤지를 옆으로 선 자세로
타고 눈이 쌓인 비탈을 미끄러지듯 내려오는 겨울철 운동) 선수였다. 선수 경력을
살려 체육교사가 되는 게 꿈이었다. 그런데 부상도 당하고, 몸이 안 좋
아져서 포기했다. 그러고 나서 바텐더가 된 것이다. 만약 그때 배송받
은 허브가 신선했더라면 여전히 바텐더 일을 하고 있을지도 모른다.

"농장 일을 할 때와 스노보드 선수일 때 중 언제가 더 힘들었냐는 질
문을 가끔 받아요. 생각해보면 선수 시절이 더 힘들었어요. 농장에서는
보통 16시간쯤 일하는 것 같은데, 그래도 선수로서 고된 훈련을 받는 것
보다는 할 만해요. 그리고 농장일은 아무래도 자연에서 자연과 함께 일
하는 거니까 덜 힘들다고 느껴지죠. 허브에서 나오는 좋은 성분 덕분에
몸도 더 건강해지는 것 같아요."

초보 농부 시절, 그녀는 정말 아는 게 없었다. 물을 너무 많이 주면 안
된다는 것조차 몰랐다. 비오는 날에는 토양 수분이 충분해서 물을 주면
안 되는데, 그 시절엔 비가 오든 안 오든 계속해서 물을 줬다. 그래서 처
음 심은 민트는 대부분 정상이 아니었다.

제대로 배워야 했다. 인터넷과 책에 나온 것을 읽는 것만으로는 허브
농사에 필요한 지식을 충분히 습득할 수 없었다. 현장의 목소리를 들어
야겠다고 생각했다. 전주에 있는 한국농수산대학교 화훼과에서 운영하
는 최고경영자과정을 1년 동안 다녔고, 농업기술센터에서 관련 교육이
있으면 찾아가서 수강했다. 지금도 안성에 있는 한경대학교에서 한방꽃
차와 관련된 수업을 듣고 있다.

허브 농사에서 제일 어려우면서도 중요한 게 뭘까?

"무엇보다 먼저 판로를 고려하라고 조언하고 싶어요. 어떻게 하면 잘 재배할 수 있을까 생각하는 것도 중요하지만, 어떻게 판매할까를 생각하는 게 더 중요해요. 저처럼 취미로 작게 해보고 나서 괜찮다 싶으면 규모를 조금씩 늘려보는 식으로 접근하는 것도 나쁘지 않을 것 같아요."

○ 허브와 사랑에 빠진 여자

그녀의 꿈 역시 허브 안에 있다. 허브류를 비롯해 특이한 작물을 국내 소비자들에게 더 많이 소개하고 싶다. 한국에서 주로 사용되는 허브는 그 종류가 많지 않다. 2017년에 심었던 히비스커스를 조금 더 심어볼 생각이다. 밀과 사탕수수 등 한국에 잘 심지 않는 작물도 키우는 중이다. 사탕수수는 남미에서 키우면 대가 굵어지는데, 한국에서는 그렇지가 않다. 기후 차이 때문이다. 그러나 끝없이 시도하고 연구하다 보면 해법이 찾아질 거라고 믿는다. 지금까지 그래왔으니까.

농사에 대한 그녀의 생각은 지난 몇 년 사이 더욱 단단해졌다.

"올해는 이런 농산물이 돈이 됐고, 앞으로는 이런 작물이 돈이 될 거라는 식으로 수익만 따라가는 농사를 지으면 위험해요. 농사꾼 스스로 자신에게 맞는 작물을 정해 철저하게 연구하고 개발하면서 끈기를 가지고 밀고 나가는 게 중요합니다."

그녀의 농장 이름은 왜 '잇츠허브It's Herb'일까? '허브란 이런 것이다'를 충실히 보여주기 위해서라고 한다. 오직 허브만으로 정직하게 승부하겠다는 결의를 나타낸 것이기도 하다. 젊은 여성의 당당한 패기가 느껴지는 이름이다. 그녀의 바람이 통했을까? 2018년 봄에는 KBS 1TV 간판 프로그램 중 하나인 〈6시 내 고향〉에 그녀의 농장이 소개되기도 했다. 그녀는 머지않아 책도 출간할 예정이다. 그림 작가인 큰언니의 보태니컬 아트Botanical Art(식물이나 꽃, 과일, 채소 등을 주제로 하여 다양한 기법으로 정교하게 표현하는 예술)가 곁들여진 허브 소개 책자를 준비 중이다. 허브의 역사, 재배 방법, 허브에 관한 상식, 그리고 허브 농장을 운영하면서 벌어졌던 소소한 일상의 이야기들을 진솔하게 담아낼 생각이다.

그녀가 가장 좋아하는 허브는 무엇일까? 당연히 민트다. 요즘에도 하우스에서 민트 잎을 따다가 직접 모히토를 만들어 먹는다. 그 외에는 레몬버베나를 좋아한다. 차를 우려내 마시면 그윽한 향기가 그만이다. 어떤 허브인들 좋지 않으랴. 사랑에 빠지면 내 눈에 상대방의 장점만 보이듯 우리가 보기엔 그저 푸르른 허브일 뿐이지만 그녀 눈에 비친 허브는 온통 핑크빛일 게 분명하다.

"무엇보다 먼저 판로를 고려하라고 조언하고 싶어요.

어떻게 하면 잘 재배할 수 있을까

생각하는 것도 중요하지만,

어떻게 판매할까를 생각하는 게 더 중요해요."

_ 잇츠허브 박가영 대표

홍콩 IT맨,
산골에서 '맥주 농부'가 된 까닭은?

○
○

　　　　　정보기술^{IT} 전문가 홍성태 씨는 홍콩과 바레인, 유럽 각국을 오가며 23년간 IT업계에 몸담았다. 인공위성에서부터 테러 방지 서비스까지 다양한 IT 관련 업무를 두루 섭렵했다. 그렇게 쉴 새 없이 일하다 40대 중반이 된 어느 날, 덜컥 겁이 났다.

"내가 이 일을 언제까지 할 수 있을까?"

IT 업종 특성상 직업 수명이 짧았다. 신기술로 무장한 젊은 후배들은 무섭게 치고 올라왔다. 홍성태 씨가 제2의 인생을 계획한 건 그때부터였다. 두 가지를 생각했다. 첫째, 예순 살이 넘어서도 할 수 있는 일. 둘째, 내가 좋아하는 일.

문득 떠올린 게 맥주였다. 전 세계를 돌아다니며 물불 안 가리고 일할 때 유럽과 미국 수제 맥주의 매력에 흠뻑 빠졌었다. 양조업에 뛰어들겠다고 결심했다. 맥주로 유명한 나라의 양조장을 찾아다니며 양조 기술을 배웠다. 4년이 흘렀다. 자신감이 생기자 충북 제천 봉양읍 산골에 있는 솔티마을에 양조장을 지었다.

마을 이름을 딴 솔티맥주가 탄생한 순간이었다. 이름만 빌린 게 아니다. 고추 농사를 짓던 솔티마을 주민들은 2016년부터 홉 농사를 짓기 시작했다. 홉은 맥주의 향과 맛을 좌우하는 가장 중요한 재료. 솔티맥주는 마을에서 직접 재배한 홉으로 만든 진짜 '마을 술'이다.

홍성태 씨는 제대로 된 맥주를 만들기 위해 솔티마을 사람들과 힘을 모아야 한다고 생각했다. 그래야 양조장도, 마을도 상생할 수 있다고 봤다. 외지인인 그가 마을 주민들을 설득하는 과정은 쉽지 않았다. 하지만 진심은 통했다. 2016년 일곱 농가가 홉 농사를 시작했고, 2017년에는 그 숫자가 아홉 농가로 늘었다. 400평이었던 농사 규모는 현재 6,000평이 됐다. 솔티맥주를 '한국 대표 맥주'로, 솔티마을을 '한국의 홉 마을'로 만드는 원대한 꿈을 꾸고 있는 사람, 그가 바로 '뱅크크릭브루어리' 홍성태 대표다.

뱅크Bank는 둑이나 제방, 크릭Creek은 계곡에서 흐르는 물줄기라는 뜻으로 신라 진흥왕 때 우륵이 처음 쌓았다는, 우리나라에서 가장 오래된 저수지인 제천 의림지(義林池)를 가리킨다. 따라서 '뱅크크릭브루어리'라는 다소 어렵고 긴 명칭은 '제천 맥주'를 의미한다.

○ 맥주의 향을 좌우하는 필수 재료, 홉

홉은 맥주의 독특한 향을 내는 재료다. 언제, 어떤 상태의 홉을 넣느냐에 따라 맥주의 향이 완전히 달라진다. 그런데 20년 전 국내 홉 농가가 전부 사라졌다. 농산물 시장이 개방된 후 외국산이 싼 가격에 들어오면서 그렇게 됐다. 현재 국내 맥주 회사들은 홉을 전량 수입해서 쓴다. 국산을 쓰고 싶어도 국내에서 생산되는 홉이 없다. 그는 이런 상황에서 한국산 홉 농사에 도전하는 일이야말로 의미 있는 일이라고 생각했다.

수입 홉은 반 건조로 가공된 상태에서 들어온다. 사과를 예로 들면 반건조 사과 가공품으로 만든 애플파이와 신선한 사과를 막 따서 만든 애플파이의 맛은 다를 수밖에 없다. 갓 수확한 싱싱한 사과로 만든 게 훨씬 더 맛있다. 게다가 홉은 자라는 곳의 기후에 따라 향이 달라진다. 그는 자신이 만드는 솔티맥주의 정체성을 '한국 맥주'로 잡았다. 그렇다면 한국 맥주로 시장에 당당하게 선보이기 위해서는 주재료인 홉이 반드시 국산이어야만 했다.

"유럽 양조장들은 대부분 자신만의 홉 농장을 갖고 있습니다. 그걸 보면서 저도 그렇게 해야겠다고 생각했죠. 맥주 농사에 도전하기 위해 공부를 많이 했습니다. 전 세계를 돌아다니며 도제(徒弟, 직업에 필요한 지식과 기능을 배우기 위해 직접 스승 밑에서 생활하고 일하면서 훈련받는 사람) 생활을 자처했어요. 양조장을 다니면서 비법을 가르쳐 달라 빌고, 인근에서 숙식을 해결하면서 기술을 익혔죠. 홉을 기르는 법도 덴마크 농부로부터 직접 배웠습니다."

세계를 발로 뛰며 맥주 공부를 할 때 슬로베니아에 20일 정도 머문 적이 있었다. 사실 슬로베니아는 맥주로 유명한 나라는 아니었지만 몇 가지 종류의 홉이 슬로베니아 맥주의 자존심을 지키고 있었다. 맥주병 라벨에도 슬로베니아 맥주라고 당당하게 적혀 있을 정도였다. 그는 그걸 보면서 핵심 재료인 홉을 자체 충당할 수만 있다면 우리나라도 슬로베니아 맥주처럼 제대로 된 한국 맥주를 내놓을 수 있을 거라고 확신하게 되었다.

그러나 홉 농사가 결코 만만한 게 아니었다. 홉 묘목을 구하는 것부터 애를 먹었다. 원래는 미국에서 수입하려고 했으나 미국은 정책적으로 홉 묘목의 해외 유출을 막고 있었다. 미국 입장에서 보면 묘목을 수출하는 것보다 반 건조 홉을 가공해서 수출하는 게 훨씬 더 이득이기 때문이었다. 고민 끝에 아는 사람에게 어렵게 부탁해 영국 홉협회에 준회원으로 들어갔다. 홉협회에서 사람들을 만나면서 친분을 쌓았다. 이와 같은 노력의 결실로 그는 영국에서 묘목을 공식 수입하는 데 성공했다.

○ 소나무 언덕 마을의 전원 향이 맥주 안으로 들어오다

미국과 유럽의 수제 맥주 시장은 한국보다 훨씬 크다. 특히 미국 맥주 시장에서 수제 맥주 점유율은 20퍼센트가 넘는다. 한국에서도 성장 가능성이 있다고 본 홍성태 대표가 본격적으로 준비를 시작한 것은 2012년부터였다. 먼저 귀농귀촌 학교를 다니면서 농사법을 배웠다. 2016년에 홉 농사를 짓게 되면서 지금은 솔티마을 농민들에게 많이 의존하고 있다. 그는 해외 홉 농가에서 직접 재배법을 배워왔지만, 마을 농민들은 그동안 한국에서 평생을 쌓아온 풍부한 농사 경험이 있었다. 제초제며 흙이며 시설이며 중요한 정보를 다 주변 농가로부터 얻었다. 농사 규모를 늘려가면서 농가끼리 서로 품앗이하며 돕는다. 아마도 함께 농사짓는 솔티마을 사람들이 없었다면 그는 처음부터 엄두도 내지 못했을 것이다.

솔티마을은 원래 고추 농사를 주로 지었다. 그런데 고추는 돈벌이가 별로 안 되는 경우가 많았다. 노동력도 더 많이 든다. 나이 들면 힘들어서 농사짓기 어려운 작물이 고추다. 그에 비해 홉은 노동력 대비 수익성이 높은 편이다. 자동화도 어느 정도 가능하다. 나이 많은 마을 주민들이 농사를 짓는 데 큰 문제가 없었다. 자리만 잘 잡으면 솔티마을 주민들의 소득을 늘리는 데 크게 도움이 될 거라고 생각했다. 그의 설득으로 작목반이 결성되었다.

어렵사리 시작한 첫 해의 농사 결과는 어땠을까?

"처음 해본 것 치고는 성공적이라고 자평하고 있습니다. 어떤 곳은 잘 자라고 어떤 곳은 덜 자랐는데, 그 경험을 올해 농사에 적용시키고 있습니다. 작년에는 홉 400주만 했지만 올해는 5,000주를 심었습니다. 이런 대규모 농사는 마을에서 근래 처음이라고 하더군요. 작년만큼 좋은 홉들이 많이 피었으면 좋겠습니다. 홉은 다년생으로 한 번 심으면 30년을 수확할 수 있다고 해요. 솔티맥주를 만들고 남는 홉은 다른 양조장에 공급하기로 했습니다."

양조장을 제천에 만든 이유는 홉을 키우기에 적격이라고 봤기 때문이다. 일교차가 심하고 일조량이 풍부해 홉이 높게 자라기에 좋은 곳이 바로 솔티마을이다. 제천의 맑은 물도 맥주 맛을 좋게 한다. 마을 이름은 소나무 '솔'에 언덕이라는 뜻의 '티'가 합쳐져 만들어졌다. 솔티맥주라는 이름도 그래서 지었다. 소나무 언덕 마을의 전원 향이 맥주 안에 들어와 있다는 뜻이다. 홍성태 대표는 솔티마을을 국내 최대 홉 재배단지로 제대로 키우고 싶다. '제천 하면 솔티맥주'를 떠올리도록 마을 전체를 안정된 홉 농장으로 만드는 게 그의 목표다.

그렇다면 솔티맥주만의 특징은 과연 무엇일까?

"처음에는 미국 스타일 맥주를 생각했어요. 그런데 미국식 수제 맥주는 이미 한국에 많이 들어와 있습니다. 경쟁력이 없을 것 같았죠. 그래서 생각한 게 벨기에 스타일이었습니다. 벨기에 맥주는 우리나라 막걸리의 이양주(二釀酒, 두 번 나누어 발효한 술)나 삼양주(三釀酒, 세 번 나누어 발효한 술)처럼 2차 발효를 하면서 다양한 맛을 내거든요. 종류도 여러 가지고요. 하지만 양조법은 무척 어렵습니다. 무작정 벨기에 양조장을 찾아가 현지 장인으로부터 오랜 기간 양조 기술을 배웠어요. 수차례 시행착오 끝에 나온 벨기에 스타일 맥주가 바로 솔티맥주입니다. '솔티 브라운'은 도수가 7.5도로 은은한 초콜릿과 커피향이 나고, '솔티 블론드'는 도수가 6.5도로 진한 오렌지 과일 향을 느낄 수 있습니다."

○ 솔티맥주를 만드는 방법

최근 우리나라에 수제 맥주 열풍이 불고 있어 양조법만 알면 누구나 쉽게 만들 수 있을 것 같지만 사실 맥주 양조법이라는 게 보기보다 간단치가 않다. 완성까

지 총 6주의 시간이 걸린다. 발효탱크에서 1주일을 보내고, 저온숙성에 2주일이 걸리며, 자연탄산숙성을 3주간 시켜야 한다. 처음에는 맥주보리를 빻아 엿기름을 만든 다음, 끓는 물과 섞은 뒤 진득한 상태가 될 때까지 저어야 한다. 그리고 나서 2시간을 열기와 싸운다. 그 후 발효탱크로 옮겨 90분 동안 젓고 또 저어가며 맥주 특유의 맛과 향의 균형을 맞춰가야 하는 긴 과정이다.

이때 홉은 총 세 번 넣는다. 맥주를 끓일 때 처음 넣는 것은 쓴맛을 내기 위해서다. 끓기 시작하면 또 넣는데, 향미를 내기 위함이다. 마지막으로 불을 끄고 나서 넣는다. 여기서 아로마 향을 더해준다. 이 세 가지가 균형이 맞으면 맛있는 맥주다. 홍성태 대표 또한 적절한 시간에 홉을 넣으려고 수도 없이 시도했으며, 그 노력은 지금도 이어지고 있는 중이다.

한국 수제 맥주 시장의 경쟁이 갈수록 치열해지고 있지만 그런 속에서 그는 수제 맥주 시장이 앞으로 더 커질 것이라고 예측한다. 맥주는 사람들이 가장 편하게 마실 수 있는 술이기 때문이다. 오히려 독한 술로 여겨지는 소주 시장은 줄어들 가능성이 있다. 그렇더라도 경쟁은 불가피하다. 살아남기 위해 차별화를 꾀하는 것은 당연하다. 솔티맥주는 직접 홉을 재배하고 있다는 것이 가장 큰 차별점이다.

홍성태 대표가 솔티맥주를 통해 이루고자 하는 것은 무엇일까?

"저는 '한국 맥주'를 만들고 싶습니다. 맥주용 보리는 수입하더라도 최소한 홉은 국내에서 재배가 가능하기 때문에 홉 농사도 시작했습니다. 절반이라도 국내 재료를 가지고 만든 맥주라면 한국이라는 브랜드를 달아 세계 맥주 시장에 알릴 수 있지 않겠습니까? 또 요즘 쌀이 많이 남아돈다는데, 국산 쌀 90퍼센트로 맥주를 만들기 위한 준비도 하고 있습니

"유럽 양조장들은 대부분 자신만의 홉 농장을 갖고 있습니다.

그걸 보면서 저도 그렇게 해야겠다고 생각했죠.

맥주 농사에 도전하기 위해 공부를 많이 했습니다."

_ 뱅크크릭브루어리 홍성태 대표

다. 마을 사람들과 함께 농사지은 재료로 한국을 대표하는 맥주를 만드는 것, 이것이 제가 처음 맥주를 접했을 때부터 꿈꿔왔던 일입니다."

2016년 11월부터 일반 판매를 시작한 솔티맥주는 현재 서울, 부산, 경기, 광주, 전북 전주, 충북 제천 등의 몇몇 펍^{Pub}에서만 맛볼 수 있지만 반응이 좋아 주문이 늘면서 생산량이 주문량을 따라가기 힘겨울 정도라고 한다.

04

테슬라에 도전하는
거침없는 청년 감자맨

○
○

"닮고 싶은 기업이요? 테슬라요. 너무 뜬금없나요? 분야는 다르지만 철학은 비슷합니다."

권민수 공동대표가 말했다.

"국내 농기업 중에선 하림 같은 기업이 되고 싶어요."

옆에 있던 박영민 공동대표도 거들었다.

테슬라는 2003년에 설립된 미국 자동차 회사로 경제 잡지 〈포브스〉가 선정한 세계에서 가장 혁신적인 기업이다. 테슬라가 롤모델이라는 그들은 거침이 없었다. 감자기업 록야를 창업한 서른다섯 살 동갑내기 박영민, 권민수 공동대표의 이야기다. 록야는 강원대학교 농업생명과학대학 출신의 두 친구가 2011년에 창업한 회사다. 농업경제학을 전공한 문과생 박영민 대표와 원예학을 전공한 이과생 권민수 대표가 합심했다. 2015년 농림축산식품부가 주최한 창업경진대회 '나는 농부다' 시즌1에서 꼬마감자 재배 기술에 관한 특허로 우승을 차지하며 회사 이름을 알렸다. 요즘 젊은 농업인들 사이에서 가장 유명한 기업 중 하나다.

○ 감자 파는 회사에도 혁신이 필요하다

그들은 두 가지 측면에서 테슬라와 록야가 비슷하다고 했다. 우선은 기술기업이라는 점이다. 록야는 꼬마감자를 재배하는 기술 특허를 갖고 있다. 실내에 수직농장을 꾸려놓고 화분에서 키우는 방법이다. 기존의 꼬마감자 시장은 노지(일반 대지)에서 키운 감자 가운데 작은 것을 선별해서 팔았다. 새로운 재배기술은 오직 꼬마감자를 키우기 위해 고안된 것이다.

꼬마감자는 고속도로 휴게소에서 파는 감자보다 좀 더 작다. 한입에 간편하게 먹을 수 있는 크기다. 큰 감자를 원하는 곳에서는 너무 작다고 안 사가고, 꼬마감자를 원하는 곳에서는 너무 크다고 안 사가는 감자들이 낮은 가격으로 고속도로 휴게소 같은 음식점들에 납품된다. 꼬마감자는 새로운 시장을 창출하기 위해 새롭게 개발한 것이다. 국내 감자 소비량은 10년간 60만 톤 선에서 정체되어 있다. 이들은 기존의 감자 사업으로는 시장 내에서 회사들끼리 서로의 점유율을 뺏는 싸움밖에 안 된다고 판단했다. 그렇게 하면 우리는 괜찮을지 몰라도 산업엔 힘이 빠진다. 새로운 시장을 열어보면 어떨까 하는 생각에 꼬마감자 개발에 나선 것이다. 새로운 시장을 만들고 있다는 점에서 록야는 테슬라와 연결된다고 했다.

그렇다면 테슬라와 록야가 비슷한 두 번째 측면은 무엇일까?

"기술 특허를 독점하지 않는다는 철학입니다. 록야는 꼬마감자 재배 기술 특허를 공개할 생각입니다. 꼬마감자는 아직 작은 시장이죠. 일반 감자 시장에 비하면 이제 막 열린 시장이라고 할 수 있습니다. 작은 시장을 독점해봤자 사업을 키우기 어렵습니다. 시장을 함께 키울 사람이 있다면 환영입니다."

두 사람은 어떻게 손잡게 되었을까? 대학 때 같은 창업동아리에서 만났다고 한다. 둘 다 농업을 전공하고 있었고, 창업에 관심이 있었다. 자연스럽게 가까워질 수밖에 없었다. 그렇다고 졸업 후 바로 창업을 한 것은 아니다. 둘 다 각기 다른 감자 회사에 취업했다. 박영민 대표는 미국에서 인턴십을 한 후 우즈베키스탄에서 씨감자를 심는 일을 했다.

그사이 권민수 대표는 국내 감자기업에 들어갔다가 금방 나왔다. 스스로 사업을 하고 싶었기 때문이다. 우즈베키스탄에 있는 박영민 대표에게 한국에 와서 같이 사업을 하자고 제안했고, 드디어 2011년 1월 함께 창업에 나섰다. 남들은 농업을 전공했으니 농기업을 창업하는게 그리 어려운 일이 아니었을 거라고 생각하는데, 그건 오해라고 한다. 농업을 전공해서 할 수 있었던 거라곤 '아는 체를 좀 하는 것'밖에 없었다. 종자와 관련된 원예학을 전공했지만 학부 수준에서는 감자 종자만 깊게 배우는 것이 아니다. 다른 전공을 했더라도 아마 기초지식 수준은 비슷했을 것이다. 물론 농민들에게 다가갈 때 수월했던 건 있다. 농대 출신이라고 하면 그래도 아무것도 모르는 젊은이들이라고는 생각하지 않았기 때문이다.

"텔레비전 창업경진대회에 꼬마감자를 가지고 참가했기 때문에 록야를 꼬마감자 전문기업이라고 아는 사람이 많습니다. 하지만 현재 매출 규모 중 꼬마감자 비중은 거의 없다고 보면 됩니다. 록야는 전통적인 감자 계약재배 사업으로 출발했어요. 우수한 농민을 발굴해 영농 기술을 전수하고 생산되는 감자를 계약재배를 통해 확보한 후 식품기업에 파는 사업을 하는 겁니다."

록야에서는 해태제과가 생산하는 생생칩의 원료, 아워홈과 신세계푸드가 식재료로 쓰는 감자 등을 납품하고 있다. 신세계가 운영하는 펍 데블스도어의 일부 메뉴에도 록야의 감자가 사용된다. 2015년 매출은 63억 원이었다.

이미 많은 사업자들이 포진해 있는 감자 계약재배 사업에 어떻게 뛰어들었을까?

"이미 형성돼 있는 네트워크를 새로 뚫는 게 어려웠습니다. 처음 계약한 곳은 강원도 양구군 산골 민간인 통제구역인 해안면이었어요. 그곳에서 시작해 영동지방으로 넘어갔죠. 신규 산지를 뚫을 때마다 농민들을 설득해야 하는 지난한 과정이 반복됐습니다."

"그러면서 한 가지 당연한 사실을 깨달았습니다. 어떻게 하면 감자를 잘 재배할 수 있는지 노하우를 알려주면 계약이 쉽게 된다는 것이었죠. 예를 들어 감자는 꽃이 핀 후 질 때까지 물을 주는 게 중요한데, 얼마나 줘야 하는지는 사람마다 생각이 달라요. 그중 감자 재배를 잘하는 사람의 방식을 다른 사람에게 소개해준다면 그 사람의 신뢰를 얻을 수 있고, 계약도 수월하게 따낼 수 있습니다."

문제는 두 공동대표에게는 그런 경험이 없었다는 점이다. 그들에게는 학교에서 배운 짧은 지식과 《감자 총서》 등 책에서 읽은 경험이 전부였다. 현장의 이야기를 들을 필요가 있다고 느낀 후 무작정 전문가를 찾아 갔다. 농민, 유통업자, 교수 등 가리지 않았다.

박영민 대표가 우즈베키스탄에서 씨감자에 관한 일을 했던 것도 도움이 됐다. 종자에 관한 지식이 약간 있으니 농민들에게 도움이 될 만한 정보를 전달할 수 있었다. 이렇게 하면서 그들의 노하우를 한 가지씩 배웠다. 그리고 새로운 곳에 진출할 때는 이런 노하우를 종합한 감자 재배법을 전수했다. 그런 다음 무작정 찾아가서 함께 일했다. 그렇게 하지 않으면 아무것도 모르고 돈은 좀 있는 애들이 와서 하는구나라고 생각하는 것 같았다. 현장에서 일하는 모습을 본 후에야 '아, 젊지만 그래도 감자에 대한 지식은 있구나' 인정하기 시작했다.

식품회사 납품을 위한 계약재배를 하는 까닭에 감자의 스펙을 맞추는 것이 중요하다. 그런데 현장에 가지 않으면 이를 통제하기가 어렵다. 농민들 중에서도 자신만의 노하우를 고집하는 사람들이 많다. 그래서 함께 일하며 조심스럽게 이게 더 낫지 않겠냐고 제안하는 과정이 꼭 필요했다.

록야에서는 2월에 씨감자 파종을 하고, 3~4월에는 교육을 한다. 수확철에는 거의 밭에 상주하는데, 봄 감자부터 가을 감자까지 계속 생산되니까 현장 업무가 끝없이 이어진다. 한번은 24일 동안이나 집에 들어가지 않고 밭에서 일한 적도 있다.

감자 산지가 1년간 계속 바뀌기 때문에 쉴 틈 없이 계속 일한다고 보면 된다. 봄에는 박영민 대표가 전라, 충청 지역을 돌고, 권민수 대표는 경상 지역 산지에 간다. 그나마 7월 말에서 8월 사이가 휴식기다. 9월이 되면 마지막 감자 산지인 강원도 지역 수확이 시작된다. 계약 농가 수가 벌써 200개를 넘었다고 한다.

○ 새로운 도전, 편의점에서 먹는 꼬마감자

두 공동대표에게 경연대회 우승의 기쁨을 안겨준 꼬마감자는 연구가 한창 더 진행됐다. 재배기술도 정교해졌고, 아산에 있는 벼 육묘장을 임대해 대량 생산하는 체계도 갖췄다.

"이제는 본격적으로 제품 출시를 준비하고 있어요. '아이 엠 그라운드'라는 B2C용 브랜드를 만들어 유통채널 입점을 추진 중입니다. 브랜드는 '땅에서 식탁까지'라는 의미를 담고 있죠. 우리 땅에서 자란 우리 농산물, 자연 그대로의 맛을 식탁으로 전해주겠다는 취지로 만들었습니다. 편의점 간편식 시장이 폭발적으로 증가하는 것에 주목했어요. 양념을 곁들여 데워 먹는 제품, 그리고 한입에 간편하게 먹을 수 있는 제품 등을 만들었습니다. 캠핑 시장도 겨냥하고 있죠. 바비큐 숯불에 그대로 올려놓으면 되는 버터구이 감자, 바비큐 꼬치를 만들 때 사용할 수 있는 알감자 제품도 개발 중입니다."

박영민 공동대표의 말에 힘이 들어갔다.

"우리는 맛밤, 소시지, 컵반과 경쟁하려고 합니다. '간편하게 먹는다'라는 이들의 강점을 따라가면서 거기에다가 영양적인 측면을 강조해 차별화한다는 생각이죠. 한 편의점 브랜드에서는 맛밤 한 품목이 하루에 2,500봉지씩 판매된다고 하더라고요. 그 시장에서 우리가 경쟁할 수 있다면 3년 내 150억 원의 매출을 올릴 수도 있을 것이라고 봅니다."

권민수 공동대표 역시 말에 자신감이 넘쳤다.

꼬마감자가 다른 인스턴트식품들에 비해 자극적인 맛이 덜할 수 있다. 하지만 건강하다는 면에서는 우위

를 점할 수 있을 것이라는 생각이다. 일반 감자와 색이 다른 감자를 넣어보는 재미도 쏠쏠할 것이다. 호기심에서라도 한 번씩은 먹어보지 않을까? 다만 이들은 소비자들이 색깔이 다른 감자가 색다른 맛이 날 것이라고 기대할까봐 걱정이다. 색이 있더라도 감자 고유의 맛이 크게 다르지는 않기 때문이다.

꼬마감자는 일반 감자 품종 가운데 작은 감자일 뿐 다른 품종이 아니다. 주로 추백 품종이다. 품종은 일반 감자와 같지만 재배 기술이 달라 작은 감자가 열리는 것이다. 처음에는 품종 개발로 접근했지만 육종에 시간과 비용이 많이 들어 포기했다. 그러나 전용 품종을 개발해야겠다는 생각은 계속 하고 있다고 한다.

이들의 의지를 높게 평가한 곳이 있다. 카이트창업가재단이다. 2017년 5월 신규 투자가 집행됐다. 이 투자금은 대부분 품종 개발에 쓸 계획이다. 품종 개발이 완료되면 국내 최대 농기업인 하림과 같은 탄탄한 사업구조를 가질 수 있게 될 것이다.

왜 하필 하림일까? 박영민 공동대표의 설명을 들으니 이해가 갔다.

"수직계열화 이야기입니다. 우리는 씨감자에서 시작해 일반 감자 생산(계약재배)과 식품기업 납품까지 확장했습니다. 게다가 올해부터 소매

판매를 본격적으로 시작할 예정입니다. 여기에 종자 전문성까지 갖추게 된다면 감자에 관한 모든 것을 할 수 있는 기업이 되는 것이죠. 품종 개발 – 종자 생산 – 감자 생산 – 납품 – 소매 판매로 이어지는 겁니다. 하림도 그렇게 하고 있습니다. 종계에서 육계, 소매 판매까지 계열화 사업을 하고 있다는 말입니다. 특정 분야에 극대화된 전문성, 그것을 닮고 싶은 겁니다."

○ 농업은 마약과 같다

꿈이 뭐냐는 질문에 대한 권민수 공동대표의 대답이 의외였다.

"농사를 직접 짓는 겁니다."

지금도 죽어라 농사를 짓고 있는 사람이 농사짓는 게 꿈이라니? 다음 말은 더 의외였다.

"농업은 마약과 같습니다. 하면 할수록 재밌어서 계속 하고 싶거든요. 지금은 계약재배를 하는 농민과 식품기업을 잇는 중간 벤더의 역할을 주로 하고 있는데, 나중에 60세쯤 돼서 은퇴한 후에 박 대표와 함께 직접 땅을 일구며 농사를 짓는 게 꿈입니다."

박영민 공동대표도 그럴까?

"60세면 아직 한참 남았습니다. 그래도 농업이 좋은 것은 정년이 없다는 것 아닐까요? 60세가 되어서도 땅만 빌릴 수 있다면 다시 시작할 수 있으니까요."

그는 구체적으로는 대규모 자동화 농업을 하고 싶다고 했다. 기계화

"닮고 싶은 기업이요? 테슬라요.

너무 뜬금없나요?

분야는 다르지만 철학은 비슷합니다."

_ 록야 주식회사 박영민(왼쪽) · 권민수(오른쪽) 공동대표

또는 자동화, 스마트팜 등이 요즘 각광받고 있는데, 자신이 내린 결론은 기계만 갖고는 안 된다는 것이다. 결국은 사람이 농업에 대한 이해를 갖고 기계를 조작해야 한다. 숙련된 소수의 농업인이 대규모 농장을 기계로 경작할 수 있는 모델이 농업 기계화의 방향인 것 같다고 했다.

두 젊은 벤처기업가는 농업에서 자신들의 미래를 보았을까? 취업난에 허덕이는 다른 청년들에게 대기업만 바라보지 말고 농촌으로 달려가라고 자신 있게 말할 수 있을까?

"물론입니다. 요즘 젊은이들 중에 농업을 기회의 영역으로 생각하는 사람이 많습니다. 몇 주 전 aT센터에서 교육을 해 달라고 해서 대학생들을 대상으로 강의할 기회가 있었습니다. 서울에 있는 대학생들이 농업에 대해 뭘 궁금해할까, 이 강의가 필요하긴 할까 생각했는데, 의외로 열기가 뜨거웠어요. 중앙대 출신의 한 수강생은 이미 귀농을 결심하고 준비를 거의 다 해놓은 상태였고요. '아, 저 학생은 곧 내 라이벌이 될 수 있겠구나'라고 생각했습니다."

"젊은 농부들의 모임인 '그로어스'를 운영하면서도 젊은이들의 열기를 느낄 수 있었습니다. 젊은 농부들이 함께 모여 친목도 다지고 농업과 관련된 정보를 공유하는 자리죠. 매월 한 번씩 정기모임을 하는데, 많을 때는 80명까지도 모인 적이 있어요. 감당이 안 돼서 요즘은 참가 인원을 15명으로 제한해서 모이고 있습니다. 이런 젊은 농부들을 보면 열정과 의지가 대단하다는 것을 새삼 느끼죠. 농업에 미래가 있냐고요? 당연히 있습니다!"

연봉 1억 원보다 매력적인
딸기의 유혹

○
○

귀농 5년차인 딸기 농사꾼 박홍희 씨와 그의 아내 곽연미 씨는 경상북도 상주시 청리면에 2,700여 평의 땅을 빌려 2,200여 평 넓이의 온실 속에서 애지중지 딸기를 키우고 있다. 농장 한편에는 방문객들을 위한 120여 평 넓이의 체험시설도 마련했다. 농장 이름은 '우공의 딸기정원'이다. '우직하게 한 우물만 파는 어리석은 사람이 결국 산을 옮긴다'라는 뜻의 고사성어인 '우공이산(愚公移山)'에서 따왔다.

그가 딸기 농사를 시작하게 된 이유는 오랜 샐러리맨 생활에 따른 피로감과 그리고 무엇보다 가족과 함께하는 저녁 시간을 갖고 싶다는 바람 때문이었다. 그는 LG전자에서 잘나가던 부장이었다. 그런데 어느 날 문득 내 인생 방향을 결정해야 할 시점이라는 생각이 들었다. 가족과 함께하는 삶은 거의 포기하고 임원 승진을 위해 더 열심히 뛰거나, 아니면 새로운 길을 찾을 준비를 해야 할 시점이었다. 그는 한창 커가는 아이들

얼굴을 지켜보면서 모두가 살 수 있는 길을 택했다.

"내 인생을 찾아야 한다는 생각에 다른 길을 찾아보기 시작했어요. 그러다 농업에 기회가 있겠다는 판단을 했습니다."

1년 동안 수확하는 딸기는 22톤가량이다. 박홍희 대표 부부는 딸기를 택배로 판매하거나 딸기잼으로 가공해 판다. 2017년 상반기 5,000여 명이 방문한 수확 체험 프로그램도 수입원 중 하나다. 현재까지는 어느 정도 성공적이다. 2016년에 벌어들인 소득은 약 8,000만 원이었다. 곽연미 씨는 삼성전자를 다녔다. 부부가 LG전자와 삼성전자를 다니던 시절과 비교하면 큰돈은 아니다. 그러나 이들은 이것만으로도 넉넉하다고 했다.

한국을 대표하는 대기업인 LG전자와 삼성전자. 요즘 젊은이들은 이 기업에 들어가지 못해 난리인데, 이들은 각각 부장과 차장으로 안정된 코스를 밟아가던 중에 갑자기 사표를 내고 농촌으로 들어왔다.

"도대체 왜 귀농을 했어요?"

지금까지 이 질문을 귀가 따갑도록 들었다. 그럴 수밖에 없다. 아무리 대답을 해도 사람들은 의아한 눈초리를 거두지 않는다. 어떤 이들은 명예퇴직을 당한 뒤 어쩔 수 없이 시골로 내려간 것 아니냐는 시각으로 안쓰럽게 바라보기도 한다.

"조금만 더 하면 직장인의 꿈인 임원 자리도 기대할 수 있을 것 같았습니다. 보다 더 풍족한 생활에 욕심이 나지 않았다고 하면 거짓말이죠. 하지만 그러기 위해선 희생해야 할 것도 많습니다. 한창 부모의 관심이 필요한 두 딸과 함께 보낼 시간을 포기해야 한다는 게 가장 걸렸어요. 이대로 계속 가다간 가족이 와해될 수도 있겠다는 걱정을 하고 있던 시점이었거든요. 고민하다가 아내한테 시골에 내려가서 사는 게 어떻겠냐고 이야기를 꺼냈습니다."

어려운 결정을 내려야 하는 가장의 심정을 어찌 속속들이 헤아릴 수 있을까?

"말이 좋아 워킹맘이지 아이들을 제대로 돌보지 못하고 있다는 사실 때문에 받는 스트레스가 남편보다 더 컸어요. 남편과 함께 농촌으로 가자는 데까지는 합의를 봤는데, 과연 어디로 갈까가 고민이었죠. 결국 시어머니께서 홀로 내려가 살고 계시는 구미 선산읍과 가까운 상주를 택했습니다. 편하진 않아요. 일도 더 많아요. 귀농 뒤 4년간은 단 하루도 온전한 휴일이 없었어요. 추석하고 설날에도 농장에서 일했어요. 추석은 옮겨심은 딸기 모종이 한창 자랄 때고 설날 즈음엔 딸기가 막 출하되는 대목이니까요. 올해부터 처음 2주에 하루씩은 쉬기로 했어요. 목표는 그랬는데, 일들이 계속 있으니까 그대로 지켜지지는 않네요."

아내의 힘든 고백에 이어 농촌 생활에 대한 푸념이 시작되는가 싶었는데 반전이 이루어졌다.

"그런데요, 가족들하고 보내는 시간은 훨씬 늘었어요. 휴일은 없지만 저녁이 생겼어요. 아침도 가족들과 같이 먹어요. 아이들을 학교에 데려다줄 수도 있어요. 시간 되면 데리러 가기도 하죠. 저녁은 거의 항상 같이 먹고요. 직장 생활을 해본 사람이라면 회사 다니면서 이걸 하는 게 얼마나 어려운지 알 겁니다."

결국 이들 부부는 그토록 원하던 '저녁이 있는 삶'을 얻게 되었다.

○ **귀농 노트 1: 계란을 한 바구니에 담지 말라**

박홍희 대표 부부의 귀농 준비 과정은 치밀했다. '계란을 한 바구니에 담지 말라'는 투자 격언을 떠올렸다. 부부는 KAIST(한국과학기술원) 경영대학원에서 MBA(경영학 석사) 과정을 마쳤다. 경영학에서 배운 대로 귀농이라는 장기적인 목표를 잡은 뒤 이를 실현할 수 있는 구체적인 계획을 짜 실천했다.

가족이 터전을 옮기기 전 주말마다 상주를 오가며 지방자치단체가 운영하는 각종 귀농교육을 들었다. 진짜로 내려가 살 수 있을지 시험하기 위해서였다. 시간 순서대로 정리하면 2012년 주말을 이용해 부부가 함께 상주공동체귀농학교 교육 과정을 수료했다. 2013년 박홍희 대표가 1년간 육아휴직을 낸 뒤 상주시 청리면에 내려가 살면서 마을 딸기작목반 반장 밑에서 딸기 농사의 기본을 배웠다. 진짜 귀농을 원하고 가능한지 한 명이 먼저 내려가 살아본 것이다.

그의 표현에 따르면 '농업 인턴'이라고 불렸지만 사실 무보수로 일하는 '머슴살이' 기간이었다. 농사일을 배우면서 경기농업기술원에서 제공하는 귀농적응반 교육도 마쳤다. 같은 시기 아내도 상주시 귀농건축학교 과정을 수료했다.

작목반장 밑에서 일하며 딸기 모종 키우기, 옮겨심기, 재배, 수확, 판매 등 딸기 농사의 1년 과정을 거친 박홍희 대표는 자신감이 생겼다. 2014년 봄 LG전자에 사표를 냈다. 딸기농장을 시작했다. 10년간 임차하는 조건으로 땅을 빌려 온실을 지었다. 1년 뒤 아내도 삼성전자를 그만두고 두 딸과 함께 상주로 합류했다.

"아무리 교육을 잘 듣고 준비를 많이 했다고 하더라도 귀농이란 게 쉽지 않잖아요? 혹시나 어떻게 될지 모르니 우선 한 사람만 먼저 내려가고 다른 사람은 남아서 회사를 다니자고 얘기했죠. 성공할 수 있겠단 확신이 들면 아내도 내려오는 걸로 했어요."

○ 귀농 노트 2: 3년 만에 수입을 4배나 올린 비결

박홍희 대표가 자신의 농장을 꾸린 2014년 한 해 동안 벌어들인 수입은 2,000만 원 남짓이었다. 대기업 부장 시절 연봉과 비교하니 아찔했다. 그 소득이 3년 만에 8,000만 원으로 4배로 뛰었다. 딸기 농사를 배우는 멘티 두 명과 포장 작업을 돕는 임시직 인력들의 인건비를 제한 소득이다. 3년 사이 재배 면적은 1,000여 평에서 1,600평으로 60퍼센트가량 넓어졌다. 재배 면적은 60퍼센트 늘었는데, 수익은 4배 가까이 많아진 것이다.

비결이 뭘까? 첫째, 딸기 품질 향상을 위한 노력 덕분이다. 박홍희 대표는 귀농 후 농사를 짓는 틈틈이 다양한 농업교육을 받으며 딸기 재배법을 배웠다. 2014년에는 경북농민사관학교에서 '수출용 딸기 수경재배과정'을 다녔고, 2016년에는 경북농업마이스터대학을 다니며 딸기 재배에 대해 공부했다.

그는 온실 안에서 딸기를 수경 재배를 통해 기르고 있다. 물과 양분의 양, 재배 온도를 인공적으로 조절할 수 있어 좀 더 높은 품질의 딸기를 재배할 수 있다는 게 그의 설명이다. 딸기에 비대제(과일 열매를 크게 만드는 영양제)와 호르몬제를 주지 않고 농사를 짓고 있다.

소비자들과 직접 거래하는 온라인 직거래 망을 만든 것도 수익을 끌어올린 비결이다. 딸기는 과일이 쉽게 짓무르기 때문에 택배로 판매하기가 쉽지 않다. 이 문제를 해결하기 위해 박홍희 대표 부부는 먼 거리까지 운반하더라도 딸기가 상처입지 않도록 하는 포장 박스를 자체 개발했다. 딸기 한 알 한 알을 감싸주는 스티로폼 박스다.

박홍희 대표는 인터넷 웹페이지를 개설하고 온라인 쇼핑몰에 입점해 딸기를 팔기 시작했다. 딸기를 온라인으로 주문하면 집으로 배송해준다는 사실이 입소문을 타면서 판매량이 크게 늘었다. 직거래로 판매하면 900그램에서 1킬로그램들이 한 상자를 2만 원에 팔 수 있다. 가격이 떨어져도 한 상자에 1만 5,000원 이상은 받을 수 있다. 공판장을 통해 경매로 판매할 때보다 높은 가격을 받을 수 있는 것이다.

또한 그는 농장을 차린 이듬해인 2015년 봄부터 수확한 딸기로 딸기잼을 만들어 판매하고 있다. 매년 3~4톤가량의 딸기를 잼으로 만들어 4,500병 내외의 잼을 판다. 냉동 딸기가 아닌 갓 수확한 생딸기로만 잼을 만들고 있다. 600그램들이 잼 한 병의 가격은 딸기 함량에 따라 각각 1만 1,000원(딸기 650그램 함유), 1만 4,300원(딸기 850그램 함유)이다. 이들 부부가 만든 생딸기 잼은 매년 시장에서 매진된다.

"생딸기로만 잼을 만들려면 가공에 필요한 수량을 이틀 안에 수확해야 해요. 충분히 생과일로 팔 수 있는 크고 굵은 딸기들도 잼으로 만들죠. 원래는 1년 농사 끝물에 작고 농익어서 시장에 내다 팔지 못하는 딸기로 잼을 만드는데, 제가 생과일로 팔 수 있는 딸기로 잼을 만든다니까 주변에서 다들 미쳤다고 하더라고요. 제가 농사 경력이 안 돼서 무모

"저는 제 자신을 딸기 농사짓는 농부이자,

우공의 딸기정원의 최고경영자,

농업회사법인의 창업자라고 생각해요."

_ 우공의 딸기정원 박홍희 대표

한 짓을 벌인다는 시선도 있었고요. 그래도 한번 해볼 만하다고 생각했어요. 가격이 비싸더라도 좋은 잼을 먹고 싶어 하는 수요가 있을 거라고 생각했고요."

농장 안에 별도의 체험 온실을 만들어 수확 체험 프로그램을 운영한 것도 수익에 도움이 됐다. 체험 프로그램을 시작한 첫 해에 1,000여 명에 머물던 방문객은 2016년 2,500여 명으로 늘었고, 2017년에는 7월 기준으로 벌써 5,000명을 넘어섰다.

○ 귀농 5년차, 새로운 도전을 시작하다

하지만 막상 해보니 귀농은 결코 만만치 않았다. 많은 이들이 귀농 준비 단계에서 농지와 주택을 구입하고, 농사 기술을 배우는 것을 주로 생각한다. 하지만 실제로 농촌에 내려가면 이보다 더 힘든 일들이 기다리고 있다는 게 이들 부부의 설명이다. 원래부터 농촌에서 살아온 마을 주민들과 잘 어울려 사는 것도 생각처럼 쉽지 않다.

"이사 온 지 10년이 넘어도 귀농인은 여전히 원래 살던 주민들에게 외지인으로 보이는 것 같아요. 주민들과 어울려 살기 위해선 자기가 먼저 나서서 이런저런 마을 모임 자리에도 참석하고, 모임에서 총무 같은 자리도 맡아서 솔선수범하는 게 중요해요."

박홍희 대표는 2017년 초 지인들과 함께 농업회사법인 굿파머스그룹을 설립했다. 딸기 농장과는 별도로 농촌에서 새로운 사업을 펼치기 위해서다. 대기업에서 일한 경험과 인맥을 살려 농촌에서 스마트팜 단지 조성 사업 등을 추진할 밑그림을 그리고 있다.

"저는 제 자신을 딸기 농사짓는 농부이자, 우공의 딸기정원의 최고경영자, 농업회사법인의 창업자라고 생각해요. 아직은 딸기농장을 키우는 게 우선이지만 시간이 더 지나면 농업 관련 벤처사업가나 농업 컨설턴트가 돼서 다른 사람들을 도울 수도 있다고 생각합니다."

돈보다 딸기. 이들 부부는 그 달콤한 유혹에 푹 빠져 살고 있다.

CHAPTER 2
○
○

농식품에도 트렌드가 있다

THE
RICH
FARMER

무지개 방울토마토로
연 60억 원을 벌다

○

○

언제부터였을까? 대형마트 과일 매장에서 형형색색의
알록달록한 방울토마토를 보는 게 당연해진 것이. 어느새 토마토는 시
설과채류 중 딸기에 이어 두 번째로 많이 판매되는 과채류 자리에 이름
을 올렸다. 토마토가 인기를 끌게 된 건 언제부터일까?

긴가민가한 이 의문에 대해 박인호 ㈜자연터 대표는 답을 알고 있다
고 했다. 그는 2014년 무렵이라고 했다. 이스라엘에서 품종을 들여와 본
격적으로 '무지개 방울토마토' 재배에 성공한 게 그 무렵이라며, 빨간색
과 노란색에 이어 주황색과 초록색, 검은색의 방울토마토를 모두 재배
한 것은 우리가 처음이기 때문에 시기를 정확히 알고 있다고 대답한 것
이다.

그의 방울토마토 직영농장인 '자연터'는 경기도 고양시에 있다. 그는
무지개 방울토마토로 연간 60억 원의 큰 매출을 올리고 있다. 무지개

방울토마토가 도대체 무엇이기에 소비자들이 이토록 열광하는 걸까?

○ 과일이 된 토마토

토마토는 과일일까? 아니면 채소일까? 토마토를 채소로 알고 있는 사람들이 많지만 토마토는 채소와 과일의 특성을 모두 갖고 있는 식물이다. 덩굴식물의 열매로, 안에 씨가 있는 과일의 특성을 갖고 있어 '과채류(열매채소)'로 분류된다.

'토마토=채소'라는 공식은 식물학적 분류보다는 미국의 유명한 판결 때문에 굳어진 이미지다. 1893년 존 닉스라는 토마토 수입상이 뉴욕 항 세관을 상대로 낸 소송에서 미국 대법원은 이런 판결을 내렸다.

"식물학적 견지에서 보면 토마토는 덩굴식물의 열매이므로 과일이지만, 토마토는 밥 먹은 후 후식으로 식탁에 오르는 것이 아니라 식사의 일부이므로 채소로 보는 게 타당하다."

당시 수입 채소는 10퍼센트의 관세를 내야 했지만 수입 과일은 관세가 없었다. 말하자면 세수 증대를 위한 판결이었던 것이다.

이 판결에 비춰보면 요리에 쓰기보다는 후식으로 토마토를 먹는 한국의 소비 특성상 과일로 분류되는 것이 오히려 맞는 것처럼 보인다. 박인호 대표는 무지개 방울토마토가 나오면서 토마토가 본격적으로 과일로 분류되기 시작했다고 자평했다.

"무지개 방울토마토는 기존의 방울토마토에 비해 다양한 맛이 납니다. 단맛이 나기도 하고, 어떤 건 짭짤하기도 하죠. 화려한 색과 다양한 맛을 앞세워 후식용 과일의 하나로 자리를 잡았어요. 소비자들이 과일로 소비하는데, 유통 업체들이 채소 매장에 갖다놓지는 않죠."

색깔과 맛 외에도 그는 '파이토 케미컬'에 주목한다. 식물phyto과 화학 물질chemical의 합성어인 파이토 케미컬은 식물 자체에서는 미생물과 해충으로부터 자기 몸을 보호하는 역할을 하는데, 사람이 섭취할 경우 항산화 물질이나 세포 손상 억제 효과가 있는 것으로 알려져 있다.

따라서 빨간색 방울토마토에는 라이코펜이, 검은색 방울토마토에는 안토시아닌이 들어 있어 여러 가지 색깔의 방울토마토를 함께 먹으면 다양한 파이토 케미컬을 섭취할 수 있게 되는 것이다.

○ 새로운 것, 그러나 남들이 따라할 수 없는 것

박인호 대표는 농업에 직접 뛰어들기 전 식품회사를 다녔다. 그는 매일유업에서 15년간 회사 생활을 했다. 매일유업의 컵 커피인 '카페라테' 시리즈 개발에 참여하는 등 활발하게 활약했다. 그러던 중 이유식용 쌀을 수매하다가 철원 오대쌀의 매력에 흠뻑 빠졌다. 부가가치를 붙이기 어려운 쌀에 '철원 오대쌀'이라는 브랜드를 붙여 성공하는 과정을 함께 했다. 그는 심심해 보이는 생산품에 부가가치를 붙이는 것에 재미를 느끼던 차에 농산물 분야에서도 그게 가능하다는 것을 배웠다고 한다.

이후 그는 직접 상품을 만드는 일을 해보고 싶었다. 15년차가 되던 2003년 승진과 창업의 기로에서 그는 회사를 나왔다. 그가 농업을 선택한 것은 어린 시절의 경험 때문이다. 어렸을 때 농촌에 살았기 때문에 농사에 대한 거부감이 없었던 것이다. 식품회사를 다니며 농산물 유통에 대해 배운 덕도 있었다. 자연스럽게 농업에 뛰어들게 되었다.

그의 첫 도전은 마늘과 양파였다. 친환경으로 농사를 지어 팔았다. 하지만 워낙 대규모로 소비되는 품목인 지라 차별화하는 게 쉽지는 않았다. 유기농 밀가루에도 도전했다. 500그램 분량을 3,500원에 판매했다. 소비자들의 반응은 좋았다. 유기농 밀로 만든 과자 한 품목으로 2억 원의 매출도 올려봤다.

그러나 대기업들이 뛰어들면서 경쟁력이 없어졌다. 대기업의 유기농 밀가루 제품 가격은 2,700원이었다. 1,000원 가까이 싼데 어떻게 경쟁이 되겠는가?

그는 그때 성공하기 위한 원칙 몇 가지를 배웠다. 남들이 하지 않는 새로운 것을 할 것, 그리고 새로운 것이 성공했을 때 다른 사람들이 쉽게 따라하지 못하는 것을 선택할 것 등이었다.

그는 해외 출장을 다니며 새로운 작물을 찾기 시작했다. 우즈베키스탄과 키르기스스탄에서는 정말 맛있는 체리를 발견했다. 들여오고 싶었지만 잘 키워낼 자신이 없었다. 네덜란드와 유럽 선진국 등도 다녔지만 눈에 띄는 것이 없었다.

그러다 이스라엘에서 무지개 방울토마토를 만났다. 2011년 무렵이었다. 주황색, 노란색, 초록색, 검은색 토마토를 키워보고 싶었다. 기후가 맞지 않아 병충해에 취약한 것이 흠이었지만 방울토마토를 키우는 국내 농가들이 많이 있기 때문에 기술을 배우고 품종을 개량하면 될 것 같다는 판단을 했다.

한국으로 돌아온 박인호 대표는 가락시장에 새벽마다 출근했다. 방울토마토 경매를 지켜봤다. 매일같이 상등급을 받는 농가, 최고 가격을 받는 농가를 직접 찾아갔다. 충남 부여의 한 농가에는 한 달 동안 18번이나 방문했다.

"아무리 찾아가도 노하우는 잘 안 가르쳐주더라고요. 대신 그곳에서 토마토를 사서 맛을 분석했어요. 동시에 종묘회사와 함께 국내 기후 환경에 적응할 수 있도록 종자를 국산화했어요. 3년 만에 상품을 내놓을 수 있었는데, 운이 좋았죠. 보통 종자 개량에 5~7년은 걸리거든요."

그는 3년간 토마토를 시험 재배하며, 여름철 기온 상승으로 인한 수정 관리, 나무의 생장이 더뎌지는 겨울철 토마토 품질 유지를 위한 적정 생산량 등에 관한 노하우도 쌓았다. 2014년 무지개 방울토마토 재배에 성공하면서 계약 농가는 자연스럽게 늘었다. 현재 60여 개 농가가 박인호 대표에게 무지개 방울토마토를 공급한다. 그는 대단지 농가보다는 1,000평 미만의 하우스를 집중 관리할 수 있는 농가와 주로 계약한다.

그는 이마트의 '국산의 힘 프로젝트'의 첫 주인공으로 소개되며 매출도 증가했다. 매일 5,000팩을 꾸준히 납품한 2017년 1년간 방울토마토로 벌어들인 매출만 60억 원에 이른다.

"무지개 방울토마토의 성공 이후 색깔 있는 토마토를 재배하는 농가가 늘었지만 아직 품질과 생산량에서 우리를 따라오지 못합니다. 지금 경쟁자들이 따라오는 동안 격차를 더 벌릴 수 있는 방법을 연구 중입니다."

그의 말을 듣고 있으면 농사일은 몸으로 하는 게 아니라 머리로 하는 게 맞는 것 같다.

"색깔 있는 토마토를 재배하는 농가가 늘었지만

아직 품질과 생산량에서 우리를 따라오지 못합니다.

지금 경쟁자들이 따라오는 동안 격차를

더 벌릴 수 있는 방법을 연구 중입니다."

_ ㈜자연터 박인호 대표

○ B급 상품? 가공하면 팔린다

그가 생각하는 새로운 도전은 '가공'이다. A급 상품은 지금처럼 대형마트 등 유통채널과 직거래로 팔고, 대형마트에 납품하지 못하는 B급 상품은 가공해 부가가치를 높이겠다는 생각이다.

박인호 대표가 주력할 품목은 건조 과일이다.

"과일은 보통 차가운 장치에서 동결 건조합니다. 그런데 이렇게 하면 과일의 주요 성분이 날아가요. 그래서 저는 적외선 방식으로 열과 빛을 이용해 건조하는 기계를 새롭게 들여놨습니다."

그는 농장 인근 부지에 1,260평 규모의 가공센터를 건축했다. 이 중 1층 308평 정도를 가공 및 선별장으로 활용할 계획이다.

새로운 메뉴에도 도전한다. 토마토 라면이 그 주인공이다. 그는 일본의 유명 라멘 맛집인 태양의 토마토 라멘과 협업해 토마토 스프를 개발하고 있다. 현재까지는 그가 원하는 수준에 약간 미치지 못하는 상황이다.

"직접 라면을 출시하면 대기업 제품과 경쟁해야 되기 때문에 쉽지 않을 겁니다. 하지만 스프를 납품하거나, 레스토랑에서 활용하는 정도는 괜찮을 것 같습니다."

그는 토마토 가공으로 토마토 산업의 부가가치를 2배 이상 늘릴 수 있다고 보고 있다.

"일본의 경우 토마토 생산액만 놓고 보면 3조 원대

지만 요리 등 관련 산업과 부가가치까지 계산하면 7조 원 시장을 형성하고 있습니다. 우리는 생산액 기준으로 1조 원에 조금 못 미치는데, 가공을 통해 토마토가 사용되는 분야를 늘리면 2조 원까지도 가능할 것으로 생각합니다."

박인호 대표의 꿈은 자신이 키우는 방울토마토처럼 형형색색의 무지개 빛깔이었다.

휴대폰 쌀 고객 1만 명,
8억 원 매출의 비결

○
○

휴전선과 맞닿아 있는 경기도 연천군에는 쌀 소비량 감소와 외국산 쌀 수입이라는 이중고를 겪고 있는 국내 쌀 농가에 희망을 불어넣을 수 있는 한 농부가 살고 있다. 내 땅에 들어가 농사를 지으려고 해도 주민등록증을 맡겨야만 했던 민통선(민간인통제선) 안에서 농사를 시작한 이 남자는 이제 매년 700톤의 쌀을 생산해 10억 원 가까운 매출을 올리는 성공한 농업인이 됐다.

그가 바로 경기도 연천군 백학면 구미리에 자리 잡은 쌀 농장 백학쌀 닷컴의 김탁순 대표다. 휴전선에서 불과 10여 킬로미터쯤 떨어진 임진 강 북쪽에 위치한 마을이다. 그는 2017년 초에 전국 301개 농촌체험마을이 모여서 만든 전국팜스테이협회 회장으로 뽑혔다.

○ 직접 소통하며 시장을 개척하다

매년 12헥타르, 약 3만 6,000평 규모의 논에서 벼농사를 짓는 김탁순 대표가 운영하는 백학쌀닷컴은 '볍씨에서 밥알까지'라는 목표를 세우고 파종→재배→가공→저장→마케팅→판매에 이르는 농사의 모든 과정을 담아내고 있다. 봄에 모내기를 하고, 가을에 벼를 추수해 농협과 민간 기업이 운영하는 RPC(미곡종합처리장)에 넘기는 기존 방식에 의존해서는 쌀 농가가 더 이상 살아남기 힘들다는 판단 때문이다.

김탁순 대표는 2003년부터 백학쌀닷컴 홈페이지를 통해 소비자들에게 자신과 주변 농민들이 수확한 쌀을 판매하기 시작했다. 그동안 핸드폰에 저장해놓은 고객들의 명단만 1만 명이 넘는다. 아울러 2005년부터는 마을 주민들과 함께 '새둥지마을'이란 이름으로 농촌 체험 프로그램도 운영하고 있다. 농민들이 농식품을 소비하는 고객인 도시민들과 직접 관계를 맺고 교류해야만 우리 농업과 농촌이 살아날 수 있다는 게 그의 판단이다.

"지금 농민들은 대기업에 부품을 대는 하청 업체와 비슷한 처지예요. 농민들이 주요 고객인 도시민과 직접 소통하면서 시장을 개척하지 않으면 우리나라 농촌의 미래는 없습니다."

그의 목소리에는 절박함이 배어 있었다.

그의 고향은 경북 봉화다. 아버지도 농사를 지었는데, 모험적인 분이라 60대 초반에 봉화에서 제일 먼저 사과 과수원을 시작했다고 한다. 그러다 아버지가 외삼촌에게 과수원을 물려주고, 서울에서 공부하는 자식들 챙기겠다며 연천으로 올라온 게 1982년이었다. 당시만 해도 이곳이

휴전선 인근 민간인 통제구역으로 지정돼 있어 논밭에 들어가려면 군대 검문소에 주민등록증을 맡기고 들어가야 했다. 돌밖에 안 보이는 야산을 개간해 논을 만들었다. 그때부터 그는 주말이나 방학 때면 이곳에 와서 아버지가 농사짓는 걸 도왔다.

1989년 4월, 아직 농사가 뭔지도 모르던 대학교 2학년 때 아버지가 갑자기 세상을 떠나셨다. 장례식을 치르자마자 아버지가 기르던 못자리를 논에 심었다. 2년 정도 휴학하고 농사를 짓다가 군대에 갔다. 제대 후에는 학교를 마치고, 기계공학과 전공을 살려 염색공장 자동화 설비회사에 입사했다. 언젠가는 연천으로 돌아가 농사를 지어야겠다고 생각했지만, 농촌에 있으면 결혼을 못 할 것 같아서 선택한 길이었다. 그런데 1997년 외환위기가 터지면서 회사가 준비하던 프로젝트가 무산됐다. 마침 그때 막 결혼을 한 참이었다. 그는 아내에게 당신한테는 농사일 절대로 안 시키겠다고 다짐한 뒤 1998년 연천으로 올라왔다.

○ 남들보다 빨리 온라인 직거래에 뛰어들다

그는 대부분의 농민들에게 인터넷을 통한 농산물 직거래라는 개념조차 낯선 2000년대 초반부터 온라인 카페와 블로그 등을 운영하며 재배한 농산물을 판매하기 시작했다. 2005년부터는 백학쌀닷컴 웹페이지를 만들고 온라인 직거래 판매 규모를 늘렸다. 그는 지금도 네이버와 다음 카페, 블로그, 페이스북, 카카오스토리 등 사용할 수 있는 모든 수단을 활용해 그가 농사짓는 과정, 농장 이야기, 마을 이야기, 일상의 소박한 이야기 등을 남기고 있다. 2016년 그가 판매한 700여 톤의 쌀 가운데 온라인 직거래로 판매한 분량은 절반인 350여 톤이다. 나머지 물량은 연천과 동두천 등에 마련된 직거래 장터 등을 통해 유통한다.

자신이 생산하는 쌀의 품질을 높이기 위한 노력도 꾸준히 이어졌다. 2003년 5헥타르 규모의 논을 '우렁이 농법'으로 재배하기 시작한 이후 친환경 농법을 도입해 농림축산식품부가 관리하는 농산물우수관리(GAP) 인증을 받았다. 2015년에 경기농어민대상 고품질 쌀 부문 대상을 받은 것도 이런 노력 덕분이었다.

"처음 2~3년은 저도 남들처럼 벼를 수확한 뒤 대형 정미소라고 할 수 있는 미곡종합처리장에 넘겼습니다. 농부로서 제 역할은 수확한 벼를 정미소에 넘기고 나면 끝이었죠. 그런데 그 2~3년 사이에 수매가가 벼 40킬로그램당 6만 2,000원대에서 5만 2,000원대로 1만 원 넘게 떨어졌습니다. 제가 직접 고객을 만나 쌀을 팔 수 없으니까 정부 수매가가 떨어지면 속수무책으로 당할 수밖에 없다는 걸 깨닫고 스스로 시장을 개척해야겠다고 결심했어요."

그러나 온라인으로 농산물을 판다는 게 생각만큼 쉽진 않았다. 쌀을 판매하기 위해서는 우선 도정 작업을 할 수 있는 정미기가 필요했다. 처음에는 주문량이 많지 않아 집에 마련해둔 가정용 정미기로도 충분했지만, 점차 주문량이 늘면서 가정용으로는 감당을 할 수 없었다. 매번 정미소를 왔다 갔다 하는 것도 힘들었다. 그래서 2007년에 큰마음을 먹고 직접 도정시설을 갖췄다. 다행히 2008년부터는 그가 생산한 쌀 100여 톤 대부분을 온라인 직거래로 판매할 수 있게 됐다. 이후 벼 등급 선별기, 포장 기계 등을 갖춰 규모를 늘렸고, 지금은 주변 농민들이 생산한 벼까지 합해 700톤 정도를 직거래로 판매하고 있다. 2016년 연매출은 8억 원 규모였다.

○ 가장 중요한 건 쌀의 품질을 올리는 것

"직접 만난 도시민들을 온라인 직거래 고객으로 끌어들이는 노력도 중요해요. 2003년부터 부천의 한 아파트 단지와 자매결연 맺고 농산물 직거래를 시작했죠. 제가 생산한 농산물만 파는 게 아니라 마을 주민들이 만든 두부, 된장, 고추장, 김치, 나물 등을 미리 주문받아 현장에서 판매했어요. 농가마다 5만 원에서 20만 원 또는 30만 원까지 팔 수 있으니 소득에 도움이 많이 됐습니다. 직거래 장터를 통해 한 번 물건을 사신 분들과 꾸준히 관계를 이어오며 농산물을 팔 수 있었습니다."

그는 핵심에 집중해야 한다고 생각한다. 가장 중요한 건 쌀의 품질을 올리는 것이다. 그의 농장에서는 주력인 참들이쌀 말고도 하이하미, 추청 등 다른 품종의 쌀도 4종가량 재배하고 있다. 소비자마다 입맛이 다르니 거기에 맞춰야 한다는 생각에서다. 또 포장 용량을 다양하게 하는 것도 중요하다. 지금은 20킬로그램, 10킬로그램, 5킬로그램으로 나눠서 판매하고 있는데, 앞으로는 진공 포장한 쌀을 500그램 단위로 팔 계획이다. 진공 포장이 돼 있어서 포장만 뜯으면 바로 도정한 밥맛을 느낄 수 있게 하려는 것이다. 그는 1년에 한 번 정도 일본에 다녀온다. 일본에서는 이미 사람마다 자기 취향에 맞는 쌀을 사서 먹고 있다. 그는 우리나라도 머지않아 그렇게 될 거라 예측한다.

"농민들이 주요 고객인 도시민과 직접 소통하면서

시장을 개척하지 않으면

우리나라 농촌의 미래는 없습니다."

_ 백학쌀닷컴 김탁순 대표

"소비자들하고 직접 이야기를 나누면서 자기 상품을 팔 수 있는 통로가 꼭 있어야 해요. 그래야만 사람들이 어떤 농산물을 원하는지 파악할 수 있고, 안정적으로 수익을 낼 수 있어요. 대형 가공 업체와 마트에 부품을 납품하듯이 한 해 동안 농사지은 농산물 모두를 납품하는 방식으로는 한계가 있죠. 직거래 장터, 온라인 쇼핑몰, 홈페이지, SNS, 농촌 체험 마을 프로그램 등 할 수 있는 모든 방식을 이용해서 소비자와 만나야 합니다."

앞으로 소비자를 직접 찾아나서는 농민과 그렇지 않은 농민 간의 소득 격차가 더 크게 벌어질 것이라는 말은 많은 농민들이 새겨들어야 할 부분인 것 같았다.

쌀의 변신은 무죄,
한국 스타벅스에만 있는 비밀

한국 스타벅스(미국의 글로벌 1위 커피전문점)에는 해외의 다른 스타벅스에 없는 게 몇 가지 있다. 스마트폰으로 주문하는 시스템인 '사이렌 오더'(지금은 해외 몇몇 국가로 확대되긴 했으나 보편적이진 않다), 태극기나 무궁화가 그려진 지역 맞춤형 텀블러, 그리고 한국의 농산물로 만든 메뉴다.

'라이스 칩'이라고 이름 붙인 뻥튀기부터 옥수수와 고구마, 감자를 찐 '옥고감' 메뉴, 사과와 배를 말려 만든 과자까지 꽤 많은 한국 농산물 메뉴가 팔린다. 얼마 전 이를 한데 모은 별별꾸러미가 판매되기도 했다.

이처럼 스타벅스에서 농산물 판매 아이디어를 낸 사람은 다름 아닌 경기도 평택의 쌀 농부인 미듬영농조합법인 전대경 대표다. 1989년 고등학교를 졸업할 무렵부터 아버지를 도왔으니 농사 경력이 30년이 다 되어간다. 하지만 그는 농촌에서 경력 30년이면 아직 '핏덩이'에 불과하다고 했다.

그는 요즘 농부보다는 성공한 농산물 가공식품 제조업자로 불린다. 농장에 찾아오는 사람들도 쌀농사보다는 가공식품에 대해 물어본다.

전대경 대표는 영농후계자였다. 대학교를 다니던 시절 그의 일과는 새벽 5시, 논에서 시작됐다. 2시간 동안 논을 정리한 후 아침밥을 먹고 학교에 간 것이다. 주말도 오롯이 농사에 바쳤다. 제대로 된 쌀을 많이 재배해 내다 파는 것이 최대 관심사였다.

그가 쌀에서 뻥튀기로 눈을 돌리게 된 것은 2007년부터다. 그해 미듬 영농조합의 쌀농사는 대실패였다. 미듬영농조합의 잘못은 없었다. 2006 년 북한의 핵실험 등으로 정부가 북한에 쌀과 비료 지원을 중단하기로 하면서 국내 쌀 재고량이 크게 늘어난 때문이었다. 쌀값은 폭락했다.

그는 이때 쌀 가격이 정치 상황에 민감하다는 걸 실감했다. 안전장치가 필요하다는 생각을 한 게 그때였다. 농사 외의 환경 변화가 생겼을 때 손실을 줄일 수 있는 방법에 대해 고민하기 시작했다. 고민은 가공식품을 만들어 부가가치를 높여야겠다는 생각으로 이어졌다.

○ 대박을 터뜨린 쌀과자 라이스 칩과 옥고감

그 무렵 스타벅스는 사회공헌 활동에 본격적으로 시동을 걸고 있었다. 스타벅스가 사치를 하는 여성을 비하하는 말인 '된장녀'라는 단어와 가까워질 무렵이었다. 스타벅스는 2007년 경기도와 업무협약을 맺고 우리 농산물로 만든 메뉴를 개발했다. 첫 시작은 떡이었다.

떡은 실패였다. 스타벅스는 냉동물류망이 없었다. 실온 상태에서 떡을 배송해야 했다. 품질 유지 기한은 단 하루. 남는 것은 버려야 했고, 떡을 사간 소비자들은 상했다며 불만을 제기하기 일쑤였다. 다른 품목이 필요했다.

당시 떡은 안성떡방이라는 업체가 납품하고 있었다. 전대경 대표는 경기도와 스타벅스가 협약을 맺은 후 지속적으로 상황을 주시하는 중이었다. 그는 스타벅스가 계속 새로운 제품을 추가할 것으로 예상하고, 스타벅스가 좋아할 만한 제품을 개발하는 데 투자했다.

그러던 중 스타벅스가 떡을 대체할 상품을 찾는다는 소식을 듣게 됐다. 그는 즉시 찜 케이크를 스타벅스 푸드 개발팀에 보냈다. 찜 케이크는 떡을 컵케이크처럼 만든 제품이다. 그의 예상은 적중했다. 찜 케이크는 스타벅스가 원래 팔고자 했던 떡이면서도 식감은 커피와 어울리는 제품이어서 최종 후보까지 무난하게 올라갔다.

하지만 찜 케이크 역시 식감만 바뀌었을 뿐 냉동유통 문제가 해결되지 않은 제품이었다. 스타벅스 푸드팀은 이것도 안 되겠다고 생각했다. 회의는 길어졌다. 배고픈 팀원들은 찜 케이크를 배송한 상자 안에 있던 과자를 집어먹기 시작했다. 전대경 대표가 배송 과정에서 찜 케이크의 모양이 흐트러지지 않도록 '충전재'로 뽁뽁이 대신 넣어 보낸 쌀과자였다.

실마리는 엉뚱한 곳에서 풀렸다. 의외로 괜찮다는 반응이 나온 것이다. 순간 찜 케이크 회의는 쌀과자 회의로 바뀌었다. 전대경 대표는 기회를 놓치지 않았다. 스타벅스가 원하는 스펙에 맞게 쌀과자를 고급화하고, 라이스 칩이라는 이름도 붙였다. 2009년의 일이다.

"소비자들이 아메리카노를 좋아하기 시작할 무렵이었거든요. 아메리카노에는 달콤한 디저트가 어울리잖아요. 그래서 라이스 칩과 우리 농산물로 만든 달콤한 과일 잼을 함께 넣어 납품했어요."

소비자들의 반응은 스타벅스와 전대경 대표가 예상했던 것보다 훨씬 더 폭발적이었다. 미듬영농조합의 쌀과자류 제품은 3년 만에 판매량 100만 개를 돌파했다. 전대경 대표는 에너지 바 형태의 라이스 바, 과일을 말린 리얼 후르츠 시리즈 등으로 제품을 확대했다. 2015년 경기도 농산물을 그대로 담아 판매한 옥고감은 당시 스타벅스에서 가장 인기 있는 메뉴 중 하나로 꼽혔다.

2016년 미듬영농조합법인이 가공식품을 판매해 벌어들인 매출은 28억 원에 달한다. 스타벅스 외에도 농협 하나로마트, 이마트, 홈플러스 등 다양한 유통채널에서 제품을 팔았고, 아시아나항공과 삼성웰스토리도 미듬영농조합법인의 제품을 쓰고 있다.

미듬영농조합의 쌀과자류는 모두 친환경 쌀로 만든다. 평택시 오성면 전대경 대표의 논에는 우렁이가 함께 산다. 논 1,500평당 20~30킬로그램의 우렁이를 키운다. 우렁이로 잡초를 제거하는 대표적인 친환경 농법이다. 비료는 인근 축사에서 무항생제 인증을 받은 우분을 공급받는다.

전대경 대표는 가공식품을 만들기 시작한 이후부터 친환경 농법을 확대했다. 2007년 친환경 쌀 재배 단지를 조성했고, 매년 친환경 농지를 넓히고 있다. 그는 가공식품을 만드는 것은 쌀의 부가가치를 높이는 작업인데, 친환경 쌀이라는 점을 강조하면 가치를 더 높일 수 있을 것이라 생각했다. 아이에게 안전한 먹을거리를 먹이고 싶어 하는 젊은 엄마들을 겨냥해 친환경 쌀을 재배한 것이다.

○ 농산물 가공식품, 어떻게 만들어야 할까?

가공식품 전문가인 그는 정부의 6차 산업(농촌융복합 산업) 정책을 어떻게 생각하고 있을까? 6차 산업이 확대되며 전국 곳곳의 농가들이 가공식품을 개발하고 있지만 그는 이에 대해 다소 부정적이다. 가공을 통해 농산물의 부가가치를 높이는 방향은 맞지만 현재의 방식은 농민들을 망하는 길로 이끌고 있다는 것이다. 농민들이 아직 제대로 된 가공식품을 만들 준비가 안 돼 있기 때문이다.

"논 한 자리에서 재배된 쌀을 모두 팔면 400만 원쯤 매출이 나와요. 이 중에 한 200만 원쯤이 이익입니다. 그런데 제대로 된 제품을 만들기 위해서는 패키지 디자인 시안을 만드는 데만 400만 원쯤 투자해야 해요. 논 두 자리에서 나는 매출을 모두 써야 되는 거예요. 그런데 이런 투자를 할 수 있는 농민은 많지 않습니다."

위생 관리 문제도 있다. 농산물 형태로 유통하게 되면 소비자들이 씻어서 먹어야 한다는 생각을 한다. 벌레 파먹은 자리가 있어도 대부분은 농약을 덜 쳤나보다 생각하며 잘라내고 먹는다. 그런데 식품으로 판매되기 시작하면 소비자는 물론이고 식품의약품안전처의 기준이 엄청나

게 높아진다. 이 기준을 일반 농민들이 맞추기란 쉽지 않은 일이라는 것이다.

그렇다면 생산과 가공을 분리해야 할까? 전대경 대표는 그게 바로 딜레마라고 했다. 미듬영농조합법인의 가장 큰 성공 요인 중 하나는 '농산물에 대한 이해도가 높다'는 점이다. 미듬영농조합법인의 과일 가공공장에서는 자체적으로 개발한 건조기계가 돌아가고 있다. 바람으로 건조를 시키는 일반 건조기에 과일을 넣어놓기 전 고온으로 15분간 수분을 빠르게 제거하는 기계다. 수분을 제거했기 때문에 일반적인 건조 방법에 비해 최종 생산물의 유통기한이 길어진다.

전대경 대표는 기계를 개발한 후 특허 등록을 따로 하지 않아 다른 회사들이 과일 가공공장에 같은 기계를 팔았지만 성과가 잘 나지 않았다고 했다. 과일의 특성을 고려하지 않고 기계만 돌렸기 때문이다. 그는 미듬영농조합법인 공장에서는 원료로 들어오는 과일의 단단한 정도 등 상태를 고려해 기계를 돌리는 시간을 세밀하게 조정한다면서 이런 노하우는 농산물을 잘 아는 농민이 아니면 얻기 어렵다고 말했다.

두 가지 조언이 상충되는 상황에서 그가 생각하는 해결책은 가공에 대한 의지가 있는 농민만 선별적으로 사업화를 하는 것이다. 그는 일괄적으로 가공식품화를 유도하면 지원금을 받기 위해 모든 사람이 일단 공장을 짓고 가공식품을 만들고 본다며 사업 마인드가 있는 사람을 엄격하게 선별해서 지원하는 것이 더 좋을 것 같다고 지적했다.

○ '100인의 농부'를 모으는 마을 비즈니스 기업가

전대경 대표는 주방으로 자리를 옮겨 익숙한 솜씨로 생맥주 기계에서 맥주를 따랐다.

맥주는 카스와 하이트 등 일반 한국 맥주처럼 탄산이 강하면서도 요즘 뜨는 수제 맥주처럼 은은한 향이 배어 있는 맛이다. '어메이징 브루잉 컴퍼니'라는 수제 맥주 회사를 통해 출시한 쌀 맥주로 한 식품박람회에 참가했다가 옆 부스 운영 업체와 인연이 되어 만들었다.

그는 음료용 쌀 수출을 위해 중국 종자회사와 향이 나는 쌀 품종을 개발하고 있었다.

"향미를 소개하며 쌀 맥주 공동개발을 제의했는데, 그 회사 직원들이 바로 그다음 주에 평택으로 내려왔습니다. 그 열정에 감명을 받아 협업하게 됐죠. 수차례 테스트 끝에 쌀 샴페인, 쌀 맥주, 흑미를 넣은 흑맥주 등을 개발하게 되었습니다."

두 회사의 협업은 계속 이어지고 있다. 2017년 4월 전대경 대표는 어메이징 브루잉 컴퍼니 직원들과 함께 평택에 맥주 밭을 조성했다. 맥주의 원료인 홉을 심은 것이다. 그는 이곳에서 자란 홉으로 만든 맥주를 '평택 맥주'로 이름 붙여 판매할 계획을 갖고 있다.

농부이자 농산물 가공식품 전문가인 전대경 대표에게는 또 하나의 직업이 있다. 바로 '마을 비즈니스 기업가'다. 요즘 그는 평택시 공무원들을 많이 만난다. 오성면 일대를 이름 있는 관광지로 만드는 일을 시작했기 때문이다. 이른바 '오성강변 뚝방길 르네상스 프로젝트'다. 이 프로젝트는 오성면 일대를 흐르는 안성천과 진위천, 아산호에 이르는 강변 지

"평택에서 벌이는 새로운 프로젝트들이

농업과 농촌의 좋은 성공 모델이 됐으면 좋겠습니다."

_ 미듬영농조합법인 전대경 대표

역을 관광지로 개발하는 사업이다. 그는 관광객들이 강변 관광 후에 오성면으로 들어와 다양한 농촌 체험 활동을 하고 나서 식사를 하는 프로그램을 개발하고 있다.

"미듬영농조합의 논밭에서 이삭줍기나 블루베리 따기 체험을 한 후 쌀겨찜질방에서 찜질을 하고 나서 인근 막걸리 공장에서 양조장 체험을 하거나 김치 공장에서 김치박물관 관람을 하는 식입니다. 지금은 개별적으로 운영되고 있는 체험관을 연계하면 관광객이 더 큰 만족을 느낄 수 있게 될 겁니다. 지금 지역 식당들과 협업해 메뉴 개발도 하고 있습니다. 도토리묵을 넣은 쌀국수나 연어 회를 올린 회국수 등을 테스트 중입니다."

이와 함께 그는 귀농 귀촌인을 끌어들이기 위한 사업도 추진 중이다. '100인의 농부' 프로젝트가 바로 그것이다. 귀농인 1인당 50~100평 정도의 밭을 분양하고 농사를 지을 수 있도록 하는 것이다. 그는 이 밭에서 재배한 채소류 등을 미듬영농조합에서 수매하고 일부는 지역 식당에 납품할 계획이다.

기존의 귀농 지원 사업이 농지를 빌려주는 데 그쳤다면 100인의 농부 프로젝트는 판로까지 연결해준다는 점에서 한 걸음 더 발전한 형태의 사업이다. 고소득을 올릴 수는 없겠지만 은퇴자들에게 소소한 일거리와 용돈을 제공할 수는 있을 것이라는 게 그의 생각이다.

"기존의 농업은 먹을거리를 제공하는 산업이었죠. 그러다 원물이 아닌 가공식품까지 확장됐고요. 이제는 지역의 자연경관과 전통을 소비하는 커뮤니티형 체험 산업으로 발전하는 것 같아요. 미군기지 이전 문제로 시끄럽기만 했던 평택에서 벌이는 새로운 프로젝트들이 농업과 농촌의 좋은 성공 모델이 됐으면 좋겠습니다."

　세상이 변했다. 쌀의 변신이 무죄이듯 농부의 변신도 무죄다. 그는 농부라기보다 팜 비즈니스맨에 더 가까웠다.

연간 30억 원 이상의 매출 올리는
꽃송이상추 농부

○
○

충청남도 논산시 양촌면에서 쌈 채소 농사를 짓는 김
영환 온채영농조합법인 대표는 40대 초반까지만 해도 평범한 농부였다.
가족의 생계를 위해 중학교만 졸업한 뒤 30여 년 동안 딸기, 고추, 수
박, 멜론 농사를 지었지만 살림살이는 쉽게 나아지지 않았다. 1년 내내
농사일에 매달려도 손에 쥐는 건 얼마 되지 않아 3남매를 키우기도 벅
찼다.

하지만 지금은 약 1만 평의 부지 위에 비닐하우스 60여 동을 지어 직
원 12명과 함께 꽃송이상추와 유럽 상추, 방풍나물, 공심채 등을 키우고
있다. 이 채소들은 맥도날드와 이마트 등에 팔려 나간다. 평범한 농부에
서 커다란 채소기업(영환농장)의 최고경영자가 된 것이다. 김영환 대표 개
인 소유의 농장에서만 연간 7~8억 원가량의 매출을 올리고 있다.

비결이 뭘까? 그는 처음 영농조합을 만들었을 때 회원들에게 농약을

한 번이라도 쓰다 걸리면 조합에서 제명하겠다고 선언했다. 유통기한을 늘리는 방법으로 흔히 사용하는 질소 비료도 단 한 번 뿌려본 적이 없다. 철저한 품질 관리를 생명처럼 지켜온 것이다. '온채'라는 이름은 '온전한 채소'를 뜻한다. 건강하고 신선한 좋은 채소를 만들어 함께 나누자는 농민들의 의지가 담겨 있는 이름이다.

온채영농조합 작업장에서 회원 농가로부터 들어온 쌈 채소를 포장하는 작업을 지켜보면 채소 모양이 일반 상추와 조금 다르다는 걸 알 수 있다. 미니로메인(미니코스), 버터헤드, 이자벨, 카이피라, 파게로, 일레마, 이자트릭스 등 유럽 상추들이기 때문이다.

○ 대표 브랜드 '양반 꽃상추'

2012년에 설립된 온채영농조합은 유럽 상추를 주력 상품으로 재배하고 있다. 샐러드용으로 많이 쓰이는 이 상추들은 국내 상추에 비해 단맛이 강하다. 이곳 조합에선 매달 50톤가량의 상추를 이마트와 대기업 계열 식품 유통 업체, 수제 햄버거 식당 등에 납품하고 있다. 식품 유통 업체에 납품한 상추 미니로메인과 버터헤드는 맥도날드에서 햄버거 사이에 들어간다. 마트에선 일반 상추보다 1.5배 정도 비싼 가격에 판매된다. 2017년 5월까지 온채영농조합이 거둔 매출은 이미 15억 원을 넘었다. 20명의 조합원 중 귀농해서 농사를 배우고 있는 초보 농부가 10명이다.

"제 또래만 해도 쌉쌀한 맛의 상추를 좋아하지만 나이가 아래로 내려갈수록 샐러드로 먹는 단맛 나는 상추를 더 좋아합니다. 유럽이나 미국에서 먹었던 상추를 한국에서도 먹고 싶어 하는 사람이 늘어나는 걸 보고 유럽 상추를 키우기 시작했죠."

김영환 대표는 원래 상추보다는 다른 작물을 주로 키우던 농부였다. 중학교를 졸업한 이후 30여 년간 그가 키운 주요 작물은 딸기, 고추, 수박, 멜론이었다. 상추는 유통업자와 계약을 맺고 소량을 납품하는 수준이었다. 그가 상추 농사에 본격적으로 뛰어든 건 마흔네 살이던 2002년이었다. 그와 지인들 다섯 명이 모여 꽃상추 작목반을 만든 게 그 시작이었다.

"유통상과 계약을 맺고 청상추를 재배해보니까 여름만 되면 상추 값이 막 올라가는 게 보였어요. 그전엔 4~5년에 한 번씩 폭염이 와서 상추 값이 뛰었는데, 그때부터는 매년 여름마다 폭염이 와서 1년에 한 번씩은 상추 값이 막 올랐죠. 상추를 키우면 돈을 벌 수 있겠다는 생각에 친구들하고 작목반을 만들었습니다." 2014년 그는 늘참영농조합법인을 세우고 다른 회원들을 모아 재배 규모를 늘렸다. '양반 꽃상추'라는 브랜드도 만들었다. 조합원을 모집할 때는 한 가지 조건을 걸었다. 농약을 사용하지 말라는 것이었다. 농약을 치지 않은 건강한 채소라는 인식을 심어주지 못하면 브랜드 인지도가 떨어지는 논산 상추를 제값에 팔 수 없었기 때문이다.

○ 상추 팔아 연매출 200억 원 달성

김영환 대표는 상추를 처음 가락시장에 출하하던 때 느꼈던 설움을 아직도 기억한다. 처음에 가락시장에 가서 논산 상추라고 하면 무조건 다른 상추의 반값만 쳐줬다고 한다. 논산 상추를 거의 쓰레기 취급하는 분위기였다. 어떻게든 품질을 높여야만 했다.

그는 몇 가지 원칙을 세웠다. 상추 시세가 아무리 좋아도 특품 등급 상추만 시장에 내놨다. 전체 상추 중 특품 등급의 비중은 70퍼센트 내외다. 품질이 떨어지는 30퍼센트가량은 팔지 않고 버렸다. 작물을 빨리 키우기 위해 사용하는 질소비료도 줘본 적이 없다. 질소비료를 주면 상추가 빨리 자라 조기 출하가 가능하지만 상추 잎이 쉽게 짓무른다.

시장도 김영환 대표의 이 같은 노력을 알아보기 시작했다. 2009년부터 이마트와 롯데백화점으로 양반 꽃상추 납품처가 늘어났다. 2009년 11월 9일자 농민신문에 실린 '최고 값 농가를 가다' 기사에는 그의 사례가 소개됐다. 다른 농민들이 상추 4킬로그램 한 상자를 8,000원에서 9,000원에 도매시장에 넘길 때 그는 1만 5,000원에서 1만 6,000원을 받는다는 내용이었다. 2009년 7월에는 상추 한 상자를 6만 7,000원에 팔기도 했다.

김영환 대표가 설립을 주도한 또 다른 영농조합인 늘참영농조합 회원 농부들이 상추를 키워서 '대박'을 쳤다는 소문이 퍼져나가자 조합 회원 수도 급격히 늘기 시작했다. 2009년에는 회원 85명이 연매출 100억 원을 거뒀고, 2011년에는 120명의 회원이 200억 원의 매출을 올렸다.

법인 경영 성과가 크게 올라가자 새로운 도전에 나섰다. 온채영농조합을 세워 미니로메인, 버터헤드, 이자벨 등 유럽 상추 재배를 본격적으로 시작한 것이다. 그때가 2012년이다. 꽃상추와 청상추 등 일반 상추 재배 농가가 점점 늘어나면서 판매를 둘러싼 경쟁이 치열해졌다는 판단

"유럽이나 미국에서 먹었던 상추를

한국에서도 먹고 싶어 하는 사람이 늘어나는 걸 보고

유럽 상추를 키우기 시작했죠."

_ 온채영농조합법인 김영환 대표

에 따른 것이다.

"유럽 상추를 찾는 사람들이 점점 늘어나는 걸 보고 한번 해볼 만하다고 생각했습니다. 유럽 상추들은 포기로 수확하기 때문에 상추 잎을 한 장씩 뜯어서 수확하는 보통 상추보다 인건비 부담이 적은 것도 장점입니다."

유럽 상추가 젊은 층에게 인기라는 점을 고려해 상품 포장 방식도 바꿨다. 1인이나 2인 가구에 맞게 150~200그램씩 소량으로 포장한 것이다. 포장지에는 채소를 이용한 조리법도 함께 적어뒀다. 소비자들에게 생소한 유럽 상추를 알리기 위해서였다.

○ 살기 좋은 농촌을 위하여

온채영농조합 회원 중 절반(10명)은 귀농인이다. 상추를 포기로 수확해 납품하기 때문에 부부 두 명만으로 농사를 지을 수 있다는 게 그의 설명이다. 그는 소문을 듣고 찾아온 귀농인들에게 노하우를 전수하는 걸 망설이지 않는다. 조합 직원과 함께 일주일에 한 번씩 회원 농가들을 돌아다니면서 상추 재배 상태를 체크하고 수확 시기를 정해주고 있다.

온채영농조합의 주상품인 유럽 상추는 가락시장에 가지 않는다. 유통 물량이 적어 경매에 내놓을 수가 없다. 그만큼 자체적인 판로 확보가 중요하다는 이야기다. 유럽 상추 시장은 영농조합법인이 판로를 확보하지 못하면 회원 농가들은 사실상 판매하기 힘든 구조다. 김영환 대표는 회원 농가가 상추를 재배해서 갖고 왔는데, 영농조합이 납품처를 구하지 못해서 상추를 팔지 못하게 되면 영농조합이 피해를 모두 보상해준다. 회원 농민들이 농사에만 신경 쓸 수 있게 돕는 게 그의 목표이기 때문이다.

김영환 대표는 귀농인을 비롯한 주변 농민과 자신의 성공 비결을 나눈 공로 등을 인정받아 2015년 농촌진흥청이 선정하는 대한민국 최고농업기술명인 채소 분야 명인으로 뽑혔다. 농협이 주는 새농민 국무총리 표창도 같은 해에 받았다.

현재 온채영농조합법인의 주력 상품은 12년간 상추 재배를 연구한 노하우를 바탕으로 수많은 연구와 검증 끝에 탄생시킨 미니로메인 상추와 꽃송이상추, 방풍나물, 곤달비 등이다.

그는 얼마 전부터 농사를 막내아들에게 맡기고 조합 일에 집중하고 있다. 서른세 살의 아들이 10여 명의 직원들과 함께 농사를 짓는다. 김영환 대표는 주로 회원 농가들을 찾아 상추를 비롯한 작물 재배법에 대해 상담하고 있다. 농촌이 살기 좋아지고 농민들이 돈을 잘 벌면 귀농하는 젊은 사람들이 저절로 늘어난다는 게 그의 생각이다.

그는 귀농을 준비하는 예비 귀농인들을 보면 무슨 말을 먼저 해주고 싶을까?

"귀농하는 사람들을 보면 우리처럼 수십 년 농사지은 사람들만 보고 기대를 엄청 크게 하는 사람들이 있습니다. 매출 수억 원 올리는 거 보고 자기도 쉽게 그렇게 될 수 있을 거라고 생각하죠. 그런데 그렇게 되는 게 쉽지 않아요. 처음에는 기대를 줄이고 부부 둘이나 식구들끼리 농사지을 수 있는 수준으로 시작하는 게 좋습니다. 어떤 사람들은 농사는 외국인 직원들한테 맡기고 자기는 관리만 하려는 사람이 있는데, 그렇게 해서는 아무리 농사를 지어도 적자를 볼 수밖에 없습니다. 너무 쉽게 생각하는 것도 문제예요."

진정한 귀농인이 되려면 온채라는 말에 담긴 의미처럼 '온전한 농사꾼'이 먼저 되어야 한다는 말로 들렸다.

1,200만 원짜리
유기농 한우

○
○

　　"음매~." 방목장과 연결된 축사 문이 열리자 송아지들
은 앞다퉈 달려가기 시작했다. 넓은 풀밭에서 송아지들은 여유로운 한
때를 즐겼다. 따사로운 햇볕 아래 일광욕을 즐기기도 하고, 나무 밑 그
늘에서 시원한 바람을 맞기도 했다. 풀을 뜯으며 배를 채우는 송아지들
도 있었다.

　지리산과 황매산이 만나는 곳. 경상남도 산청군 차황면에서는 이렇게
자유롭게 뛰노는 송아지들을 쉽게 발견할 수 있다. 이문혁 산청군광역
자연순환농업영농조합 대표가 운영하는 농장이다. 그는 국내 최초로 '유
기농 한우'를 키워낸 주인공이다. 그의 농장에서 자라는 한우는 유기농
사료만 먹고, 방목장을 드나들며, 상대적으로 넓은 축사에서 생활한다.

　이문혁 대표는 유기농 한우를 어떻게 길러낼까? 의외로 비결은 간단
했다. 그는 유기농 한우를 만든 것은 메뚜기 쌀이라고 했다. 또 그는 이

제 최초의 유기농 한우농장을 넘어 국내 1호 동물복지 한우농장이 되는 것이 목표라고 덧붙였다.

○ 유기농 한우를 키운 일등 공신, 메뚜기 쌀

유기농 한우로 인증받기 위해서는 몇 가지 기준을 충족해야 한다. 우선 사료를 모두 유기농으로 써야 한다. 사료로 쓰는 곡물(조사료)을 유기농으로 재배해야 하는 것은 물론이고 곡물 등을 배합해 만든 배합사료의 원재료도 모두 유기농 작물을 사용해야 한다.

공간 기준도 있다. 한우 수소의 경우 한 마리당 2.1평의 공간이 확보된 축사에서 키워야 하며 이보다 2배 넓은 운동장이 있어야 한다. 일반적인 한우농장에 비해 3배가량 넓은 공간에서 키우는 것이다. 소들이 마시는 물은 사람이 마실 수 있을 정도로 깨끗한 것만 써야 한다는 규정도 있다.

일반 농가들이 가장 기준을 맞추기 어려운 것은 공간보다는 사료다. 공간이야 축사를 넓게 짓는 것이 생각보다 어렵지 않지만 조사료와 배합사료를 모두 유기농으로 쓰려면 일반 사료에 비해 비용이 50퍼센트가량이나 더 든다. 유기농 한우가 산청군 차황면에서 시작된 배경도 이와 관련이 깊다. 차황면이 유기농 사료를 구하기에 적합한 곳이기 때문이다.

차황면은 한우보다는 쌀로 유명했던 곳이다. 1980년대부터 이곳에서 생산된 메뚜기 쌀은 친환경 농산물의 시작이기도 했다. 메뚜기 쌀은 '농약과 살충제 등을 사용하지 않고 유기농으로 재배해 메뚜기가 출몰하는 논에서 자라는 쌀'이라는 의미를 담은 이름이다. 1990년대 초반 부산 YWCA를 통해 전국적으로 알려지며 '메뚜기 잡기 축제'가 열리기도 했다.

1990년대 중반 유기농 인증제가 도입됐을 때 차황면은 전체가 친환경 단지로 인증을 받았다. 지리산과 황매산이 만나는 분지 형태의 지형이라 농약 성분이 외부로부터 들어올 일이 없다고 판단한 정부가 지역 전체에 인증을 해준 것이다.

"지역 전체가 인증을 받았기 때문에 우리는 차황면에서 생산되는 벼의 볏짚과 겨울에 이모작으로 심는 보리 등을 사료로 사용하면 자연스럽게 유기농 사료를 먹일 수 있게 되는 겁니다. 이런 지리적 이점이 전국 최초로 유기농 한우를 생산할 수 있었던 배경입니다."

이문혁 대표의 설명을 듣고 보니 과연 이곳 차황면은 유기농 한우가 자라기에 최적의 장소인 듯했다.

○ 백화점 소비자들을 사로잡은 '건강한 먹거리'

1990년대 친환경 쌀 바람을 주도했던 메뚜기 쌀은 1990년대 말부터 차츰 힘을 잃어갔다. 다른 브랜드 쌀이 많아지면서 차별화가 희미해졌고, 외환위기 사태가 터지며 쌀값이 떨어졌다. 메뚜기 쌀로는 안 된다는 위기감이 지역을 휘감았다.

경상대 축산학과를 졸업하고 농촌진흥청 등에서 일하던 이문혁 대표가 고향인 차황면에 돌아온 것이 이 무렵이었다. 메뚜기 쌀에 이어 뭔가 새로운 소득원이 필요한 시점이었다. 벼농사에 축산을 결합하면 지역의 소득이 높아질 수 있다고 생각한 것이다.

그는 귀향 후 지역에 흩어져 있는 축산 농가들을 찾아가 '유기에 의한 순환 농법'에 대해 알리기 시작했다. 유기 순환 농법은 유기농으로 재배한 쌀의 부산물인 볏짚 등을 사료로 쓰면서 유기농 한우를 키우고 한우를 키우는 과정에서 발생한 배설물로 친환경 퇴비를 만들어 농사에 도움을 주는 식으로 상호작용하는 형태의 농법이다. 전 과정이 유기농으로 진행된다는 점에서 일반 순환농법과 다르다.

수 년간의 설득 끝에 2004년 그는 지역의 150개 농가를 모아 차황친환경축산영농조합법인을 결성했다. 볏짚뿐 아니라 청보리, 라이그라스, 호밀, 옥수수 등 사료용 곡물을 재배하며 친환경 인증을 신청했고 축사 환경도 개선했다.

마침 FTA 광풍 속에 우리 농축산물을 고급화해야 한다는 분위기가 조성되면서 정부의 지원도 받았다. 이문혁 대표는 생산비 증가분의 대부분을 군으로부터 지원받을 수 있었기 때문에 초기 투자의 어려움을 극복할 수 있었다고 했다.

2007년 그는 국내 최초로 유기농 한우 인증을 받았다. 현재는 28개 농가에서 총 585마리의 한우를 키운다. 모두 유기농 인증을 받은 곳들이다. 농가당 사육 마리 수는 20~50마리로, 대부분 직접 유기농으로 농사를 지으며 축사까지 운영한다. 이문혁 대표는 유기농 사료를 직접 생산할 환경은 안 되지만 유기농 축산을 하려는 농가들에 사료를 판매하는 사업도 하고 있다. 사료 판매액만 연간 5,000만 원이 넘는다.

그는 유기농 한우의 가장 큰 장점으로 안전한 먹거리라는 점을 꼽았다.

"소를 키울 때 방목 등을 통해 소가 받을 수 있는 스트레스를 줄이고, 유전적으로 검증이 되지 않은 유전자변형곡물GMO 사료를 쓰지 않는다는 점에서 다른 소보다 건강하다고 볼 수 있습니다. 2011년 대규모 구제역 파동이 일어났을 때 차황면이 청정지역이었던 것도 이를 뒷받침합니다."

그렇다면 맛은 어떨까?

"유기농으로 키웠다고 해서 맛이 더 좋다고 할 수는 없습니다. 유기농 한우는 맛이나 외형이 아니라 '클린 미트'라는 관점에서 접근해야 합니다."

실제로 유기농 한우는 일반 한우에 비해 1++ 등급을 받기 어렵다. 등급을 좋게 받기 위해선 마블링이 중요한데, 인위적으로 지방을 축적시키는 사료를 먹이지 않기 때문이다. 방목장에서 뛰어놀며 지방보다 근육이 발달하기도 한다.

그러면서도 이문혁 대표는 검사 성적을 바탕으로 한 자랑은 아끼지 않았다.

"우리 농장의 유기농 한우 검사성적을 보면 지방산 중 올레인산 성분 비중이 50퍼센트가 넘어요. 올레인산은 풍미와 감칠맛을 내는 성분으로 알려져 있습니다. 일반적으로 한우의 올레인산 비중이 약 45퍼센트인 것과 비교하면 약간 많긴 하죠."

2007년 유기농 한우가 처음 세상에 나온 후 롯데, 현대, 신세계, AK 등 백화점 상품기획자들이 앞다투어 이문혁 대표를 찾아왔다.

"유기농 한우가 상업용으로 나온 게 처음이었으니까 백화점 간 경쟁도 치열했죠. 하지만 가격이 일반 한우보다 최소한 35퍼센트 비싸야 하고, 별도의 유기농 판매 매장을 만들어야 하는 등 조건이 까다로워 대부분은 발길을 돌렸어요. 현대백화점만이 끝까지 남았고, 이후 10년간 인연이 지속되고 있습니다."

지금도 산청군광역자연순환농업영농조합에서 생산한 유기농 한우는 우선적으로 현대백화점으로 간다. 매년 1등급 유기농 한우 100마리를 납품한다. 한 마리당 가격이 1,000만 원에서 1,200만 원으로 일반 한우(700만 원~800만 원)보다 30~40퍼센트나 비싼 한우다.

고급 한우만 골라 파는 현대백화점의 다른 한우보다도 소비자 가격이 15퍼센트가량 비싸지만 서울 압구정본점과 무역센터점 등 일부 매장에서만 판매해도 전량 소진될 정도로 인기다. 2016년 추석 선물세트 판매전에서도 준비한 물량이 추석을 2주 앞두고 품절됐다.

이문혁 대표에 따르면 지방이 적고 소량만 나오는 안심 부위의 경우 엄마들이 아이 이유식용으로 사용하기 위해 도축 일정에 맞춰 미리 예약 주문을 할 정도라고 한다.

1등급을 받지 못한 소는 농장 인근에 있는 가공공장에서 가공식품으로 만들어 판매한다. 사골곰탕, 다짐육 등은 자체 온라인몰에서도 구매할 수 있다. 최근에는 곰탕에 고기를 넣은 고기곰탕도 개발했다.

○ 국내 1호 동물복지 한우 농장

안전한 먹거리에 대한 이문혁 대표의 관심은 더 엄격한 기준인 동물복지 농장으로 향하고 있다. 그의 목표는 국내 최초로 동물복지 한우 농장을 만드는 것이다.

2018년 6월 현재 국내에서 동물복지 농장 인증을 받은 곳은 총 163곳

"유기농으로 키웠다고 해서 맛이 더 좋다고 할 수는 없습니다.

유기농 한우는 맛이나 외형이 아니라

'클린 미트'라는 관점에서 접근해야 합니다."

_ 산청군광역자연순환농업영농조합 이문혁 대표

이다. 계란을 생산하는 산란계 농장이 108개로 가장 많고, 닭고기를 생산하는 육계 농장이 35개로 뒤를 잇는다. 돼지와 젖소 농장도 각각 12곳, 8곳이 동물복지 인증을 받았다. 하지만 한우와 육우 등 소고기를 생산하는 농장 중 동물복지 인증을 받은 곳은 없다. 유럽의 기준을 그대로 따르다 보니 곡물 사료 비중이 50퍼센트를 넘어야 한다는 기준을 충족하는 곳을 찾기가 어렵다고 한다. 한우협회는 현재 국내 현실에 맞게 곡물 사료 비중을 낮추는 쪽으로 인증 기준 변경을 요청한 상태다.

"제가 직접 관리하는 농장은 인증 기준을 바꾸지 않은 상태에서도 동물복지 농장의 조건을 갖추고 있습니다. 곡물사료 비중은 60퍼센트가 넘고 방목장까지 갖추고 있어 동물복지 농장 인증을 받기에 충분하죠. 이미 인증 신청을 한 후 실사까지 마쳤습니다. 머지않아 절차가 마무리돼 1호 동물복지 인증 농장이 될 것으로 예상하고 있습니다."

직영 농장이 동물복지 인증을 받은 후에는 조합의 다른 농장도 차근차근 동물복지 기준에 맞는 농장으로 바꿔간다는 계획이다. 이문혁 대표는 조합 회원인 28개 농가가 키우는 500여 마리의 한우를 모두 동물복지 한우로 키워내겠다는 포부를 밝혔다.

그가 꿈꾸는 세상이 오면 동물이 행복할까? 아니면 사람이 행복할까? 결국 동물이 행복해야 사람도 행복해질 수 있는 게 아닐까? 동물복지는 곧 인간복지라는 말로 들렸다.

녹차나무에
진짜 금을 뿌린다면?

○
○

전라남도 보성군에 있는 보향다원은 야트막한 산에 펼쳐진 차나무 농장이다. 농장을 한 바퀴 도는 데는 여유로운 걸음으로 10분 남짓 걸린다. 차밭을 빙 둘러서 산책길이 나 있다. 길 바깥쪽으로는 대나무, 감나무, 탱자나무 등 여러 종류의 나무들이 늘어서 있다. 농장의 가장 높은 지점에 올라서면 멀찌감치 산들이 눈에 들어온다. 능선을 바라보며 다시 걷는다.

보향다원은 4대째 내려왔다. 1937년 한학자였던 최채형 1대 대표가 야산을 개간해 차나무와 과수를 심었다. 최영기 보향다원 현 대표는 최채형 선생의 증손자다. 선대로부터 이어받은 차밭에 지금의 제2농장인 1만 3,000평의 밭을 더 꾸리면서 다원을 키웠다. 80년 넘는 긴 세월 동안 가업을 이어온 그에게서는 은근한 차 향기처럼 우리 차에 대한 깊은 애정과 자부심을 느낄 수 있었다.

○ 4대째 내려온 유서 깊은 다원

1972년 5월 10일 보성농고 학생회장은 버스를 타고 서울로 향했다. 한국 영농학생회 창립총회, 국무총리와 농림부 장관을 비롯해 한국 농업계의 굵직한 인물들이 모두 참석하는 자리였다. 영농학생회 소속으로 이 자리에 참석한 학생은 그들을 향해 마음속으로 외쳤다.

"열심히 살아서 훌륭한 농부가 되겠습니다. 한국 농촌을 살기 좋게 하겠습니다!"

그 결심은 현실이 됐을까? 45년 후 학생은 고향인 보성에서 총 2만 평가량의 차밭을 가꾸고 있다. 최영기 대표는 차나무에서 찻잎을 따서 덖거나 찐 다음 차를 만든다. 차 누룽지, 차 크래커 같은 차 관련 식품을 개발하고, 다원을 찾아온 사람들에게 차 교육도 한다. 금 용액을 차나무에 뿌린 황금차를 개발해 신지식농업인에 선정됐고, 차 산업 발전에 기여한 공로로 대통령 표창을 받았다.

작은 차밭을 느린 걸음으로 한 바퀴 돌고 내려오면 밭 아래 한 켠에 차를 마실 수 있는 공간이 마련돼 있다. 차분하고 따뜻한 분위기의 다실이다. 차를 우리고 마시는 방법에는 예(禮)가 있다. 몸가짐을 단정히 하고 마음으로 정성을 다해야 차의 향과 맛이 깊숙하게 들어온다. 보향다원의 차는 시원하고 맑은 맛이다. 구수하면서도 뒤끝은 정갈하다.

"차는 어떤 환경에서 자랐느냐에 따라 그 맛과 향의 차이가 큽니다. 보성은 일교차가 크고, 습도가 높은 편이라 차가 특히 향기롭습니다. 차를 많이 마셔본 사람들은 이 차가 보성 안에서도 어느 지역에서 나온 차인지 알 수 있을 정도로 차이가 있습니다."

최영기 대표는 이 다원에서 차를 만들며 평생을 살았다.

○ 금을 결합해 만들어낸 아주 특별한 차

그는 차로 이야기한다. 우선 어디에 내놓아도 부끄럽지 않을 만큼 품질 좋은 차를 만들고 싶다. 차의 효능을 널리 알리고 전문적인 연구도 하고 싶다. 황금차도 그 과정에서 나왔다.

최영기 대표는 일본에서 음식이나 술에 금을 넣어 프리미엄 제품을 만드는 것을 보고 연구를 시작했다. 그 과정에서 항산화 작용 등 금의 효능에 대해서도 자세히 알게 됐다. 금과 차를 결합시키면, 효능도 있지만 보향다원만의 특별한 차가 되겠다고 생각했다.

하지만 일본 방식대로 금을 가루나 덩어리 형태로 넣는 것은 금의 효능이 크지 않았다. 더 근본적으로 차에 접목시킬 수 있는 방안은 없을까 고민했다. 한 연구기관에서 금을 전기분해해 콜로이드 상태의 금 용액을 만들었다는 것을 알았다. 이를 희석해 차나무 뿌리에 뿌렸다.

그렇게 선보인 게 찻잎에 금 미네랄을 함유한 황금녹차와 황금홍차다. 30~40일마다 한 번씩 1년에 4번 차나무 뿌리에 금 용액을 뿌린 황금차는 1킬로그램당 0.1~0.12밀리그램의 금 미네랄 성분이 함유돼 있는 것으로 나타났다. 황금차는 유명 호텔 등에서 10그램짜리 포 8개, 한 세트 80그램에 130만 원에 팔린다. 손님 접대용으로 최고급차를 찾는 사람이나 아랍계 외국인들이 주로 사간다.

최영기 대표는 차 누룽지, 차 크래커, 차 잼 같은 식품들도 개발했다.

우리 차의 쓰임을 더 넓히고 싶은 마음에서다. 금녹차 화장품도 만들어 중국에 출시했다. 산업기술평가관리원에서 효능을 인정받았다. 때때로 대형 식품회사들과 협업도 했다. 쉐이크쉑버거와 스타벅스에도 보향다원의 녹차가 소개됐다.

그는 차의 효능을 더 연구하면 꼭 식품이 아니더라도 차가 쓰일 곳이 많아질 것이라고 생각한다. 차 샴푸, 차 벽지 같은 것을 예로 들었다. 하지만 구체적으로 무엇을 더 실행해야 할지 어렴풋해 무력감을 느낀다고 했다.

"일본의 돼지 사육 농가에서는 가을에서 겨울로 접어들 때 차 농축액으로 소독을 합니다. 돼지의 면역력을 높여 돼지 인플루엔자를 막기 위해서입니다. 이렇게 관행적으로 차를 쓰고 있는 경우들이 꽤 있는데, 효능을 제대로 증명해낸다면 할 수 있는 게 많을 겁니다. 그런데 어디서부터 시작해야 할까요?"

그는 국내 차 수요가 잘 늘어나지 않아 어려움을 겪고 있는 차 농가들이 살아나려면 새로운 활로가 필요하다고 본다.

○ 차는 우리 생명 산업이자 전통문화

그는 농약을 치지 않고 차를 키운다. 유기농이라는 개념이 널리 퍼지지 않았을 때부터 그렇게 해왔다. 선대부터 내려온 재배 원칙이다.

"농약을 치면 나무가 반짝 좋습니다. 하지만 시간이 지나면 자생능력을 잃게 된다는 게 어르신들의 가르침이었습니다. 수확을 많이 하겠다는 욕심을 버리면, 차는 그대로 키워도 키우기 쉽습니다."

10년 전, 조용했던 보향다원을 사람들이 앞다퉈 찾았다. 2007년 '농약 파동' 때였다. 한 텔레비전 프로그램에서 차밭에 농약을 뿌리는 장면이 방영된 뒤로 '농약 범벅 차' 논란이 일었다. 그러면서 오랫동안 농약 없이 친환경으로 차를 키워온 보향다원이 주목받은 것이다. 물량이 없어서 못 팔 만큼 보향다원의 유기농 차를 찾는 사람이 밀려들었다.

그때 최영기 대표는 조금도 기쁘지 않았다고 한다. 오히려 가슴이 아팠다고 했다.

"당시 차 산업이 성장할 기회를 놓쳐버렸습니다. 웰빙 열풍이 불면서 차 문화가 조금씩 퍼져나가고 있던 시점이었죠. 농약을 뿌린 차를 파는 것은 바람직하지 않았지만, 차 재배법에 대한 이해가 부족한 상황에서 자극적인 화면 위주로 방송이 계속되자 생엽 1킬로그램에 3,000원이었던 게 800원까지 떨어졌습니다. 아, 그때 조금만 균형 잡힌 시각으로 보도를 했었더라면……."

그는 그 무렵 문을 닫은 많은 차 농가와 고통을 호소했던 재배 농민들을 회상했다.

"만약 그 일이 없었다면, 또는 조금만 더 차 농업에 대해 이해한 후 꼬집었다면, 오히려 한국 차 산업은 지금보다 더 발전했을지도 모릅니다. 일부의 사례로 정직한 농가들까지 매도당했던 것이 안타깝습니다."

그는 후세대 차 농부들에게 기대를 걸고 있다. 그의 두 아들인 최준용, 최준성 씨는 대학을 졸업하고 고향으로 돌아와 다원 일에 합류했다.

"아들들이 해외 박람회도 쫓아다니고, 외국의 차 생산지들도 둘러보면서 열심히 공부하고 있어요. 우리의 생명 산업이자 전통문화인 차는

"수확을 많이 하겠다는 욕심을 버리면,

차는 그대로 키워도 키우기 쉽습니다."

_ ㈜보향다원 최영기 대표

어떤 방식으로든 이어져야지요."

보향다원은 최근 새로운 도전을 시작했다. 차밭을 '팜 웨딩' 장소로 활용하는 것. 배우 원빈과 이나영의 밀밭 결혼식 이후 농촌 결혼식에 대한 관심이 높아진 것에서 착안했다. 이 일에는 그의 아내인 최승선 이사의 역할이 컸다. 새로운 것에 대한 욕구와 도전 의식이 강한 최승선 이사는 플로리스트로 활동했던 경험을 살려 다원의 변신을 이끌고 있다.

"저희가 가장 잘할 수 있는 것을 고민했습니다. 당귀꽃, 코스모스 같이 계절마다 피어나는 들판의 꽃들로 공간을 장식하니 우리 차밭도 웨딩 장소로 손색이 없었습니다. 멀리서 온 하객들이 예식만 보고 가는 것이 아니라 차밭을 배경으로 사진도 찍을 수 있고요. 다원의 차를 활용한 답례품까지 직접 제작해보니 자신이 생겼습니다."

이미 보향다원에는 매년 2만여 명의 사람들이 찾고 있다. 2007년 전까지 차를 공부하는 학생 위주로 차 교육을 했던 걸 최승선 이사 주도로 일반인까지 대상을 넓혔다. 초반에는 일반인 체험 코스 한 가지만 운영했지만, 대상을 세분화하고 커리큘럼을 다양화하면서 입소문을 탔다. 처음에는 1층이었던 체험장은 둘레를 증축했다가 지금은 2층까지 올렸다.

다원에서는 다례 교육뿐만 아니라 나만의 블렌딩 차 만들기, 차 초콜릿 만들기, 차훈 명상 체험을 할 수 있다. 단체 체험 손님들이 다원에서 자고 갈 수 있는 공간도 마련했다.

"저희는 다녀가신 분들의 피드백을 꼭 확인합니다. 무엇이 좋았고 무엇이 별로였는지 듣습니다. 반응들을 토대로 10년간 수정하고 보완해온 덕일까요? 체험객의 만족도는 굉장히 높은 편입니다."

한국 사람도 많이 찾지만 외국인 팬이 더 많다.

"중동에서도 많이 오시고 유럽, 미국에서도 찾아오십니다. 많은 외국인들은 도시나 빌딩숲을 보는 것보다 한국만의 멋과 운치, 고유의 문화를 체험하고 싶어 해요. 다례 체험을 한 후엔 한국의 진수를 보고 돌아간다고 고마워하십니다. 외국인들은 한국적인 것에 대한 목마름이 있는데, 저희가 채워줄 수 있는 부분이 있어요."

중요한 해외 계약이나 사업 수주를 앞두고 해외 인사들을 데려오는 회사도 있다.

"아무래도 분위기가 좋을 때 계약 성사 가능성도 높아집니다. 함께 한국의 차 문화를 체험하면서 마음을 나누면 닫혔던 마음도 쉽게 열립니다. 차라는 게 그런 효과가 있습니다. 그래서 차 문화라고 하지요."

최영기 대표는 이야기를 나누는 내내 우리나라 차의 향과 맛, 무엇과도 바꿀 수 없는 가치에 대해 이야기했다. 우리나라 사람들이 커피는 많이 마시지만 차는 꺼리는 것에 대해 안타까워했다. 우리 차에는 우리의 정신이 담겨 있다고도 했다.

"우리는 삼국시대 때부터 차를 재배했고, 문화로서 발전시켜왔습니다. 차를 마시면서 서로 교류를 했고, '차례'라는 말이 있을 만큼 중요하게 생각해왔습니다. 그런데 지금은 어떻습니까?"

한국인이 마시는 차의 양은 1년에 1인당 60그램 수준이다. 커피(1,800그램)에 비해 훨씬 적다. 일본인은 1,300그램, 영국인은 3,000그램을 마신다.

"우리 차가 훌륭한데, 오히려 우리들이 우리 차를 잘 모릅니다. 저는 항상 말합니다. 학교에서 차를 가르쳐야 한다고요. 차의 효능과 가치를 사람들이 더 많이 알 수 있도록 돕는 게 제게 남은 역할인 것 같습니다."

○
○

CHAPTER 3

생각을 바꾸면 판로가 보인다

THE
RICH
FARMER

12

요리사가 된 농부,
유기농 분식집을 열다

○

○

"저희는 유기농 채소만 쓰고요. 화학 첨가물 하나도 안 넣습니다. 달걀은 전남 화순에서 뛰어놀며 자란 닭이 낳은 것을 납품받고 있고, 참치 캔도 직접 만든 것을 씁니다. 짜장면도 밀가루 대신 쌀로 만든 면으로 만들어요."

서울시 송파구 위례신도시 상가에 있는 작은 분식집 '김농부밥쉐프'의 강용 대표는 김밥을 주문하러 들어온 소비자들에게 쉴 새 없이 유기농 식재료 자랑을 하고 있었다. 분식점 규모는 작다. 테이블이 전부 7개다. 이 작은 곳에서 그는 유기농 전도사로, 요리사로, 홀 서빙 직원으로 시시각각 변신했다. 친환경 식재료로 어린아이들이 안심하고 먹을 수 있는 음식을 만들겠다는 생각으로 이 일을 시작했다고 한다.

강용 대표는 친환경 농업을 하는 학사농장의 대표다. 25년차 농부다. 친환경 식재료 판매장도 운영하고 있다. 동시에 전국 4만 5,000여 개 친환경 농가가 가입돼 있는 친환경농산물자조금관리위원회를 이끌고 있기도 하다.

친환경 농산물업계에서 가장 유명한 인물 중 한 명인 강용 대표가 작은 분식집을 차리게 된 이유는 무엇일까?

○ 스타 농부에게도 고민은 있다

그는 잘나가는 청년 농부였다. 1997년 외환위기가 터진 뒤 귀농이 대안으로 떠올랐을 무렵이다. 강용 대표는 전남대를 졸업한 후 1992년 전남 장성에서 농사를 시작했다.

"당시에 학사학위가 있는 사람이 농사를 짓는다는 것만으로도 화제를 모았어요. 그때 인터뷰도 참 많이 했죠."

그는 당시 생소한 개념인 '친환경 농사'를 지었다.

"사실 농약 살 돈이 없어서 시작한 게 친환경 농사였어요. 마침 1994년쯤 인증제가 도입되기 시작했습니다. 식품 안전성에 대한 관심이 높아지는 것을 고려하면 부가가치가 높은 농산물을 생산할 수 있겠다고 판단해 계속 친환경 농사를 이어오고 있습니다."

학사농장은 한때 약 2만 평가량의 농장을 직접 운영했다. 수십 명의 농부들을 모아 친환경 농산물 판매장도 냈다. 이 농산물 매장은 프랜차이즈 형태로 확장해 전국 매장을 10여 개까지 늘렸다. 이마트 등 대형 유통 업체들도 학사농장의 농산물을 받아갔다.

"일이 술술 풀리니까 성공했나 싶었죠. 더 욕심이 생기더라고요. 이

정도로는 '주류'가 될 수 없다는 생각이 들더라고요. 친환경 농산물 소비를 더 늘릴 수 있는 방법을 고민하기 시작했습니다."

친환경 채소 축제인 유기데이(6월 2일)에서 힌트를 얻었다. 1년에 한 번 유기농산물을 배탈이 날 정도로 많이 먹어보자는 취지로 만든 행사였다.

"첫 행사 때 소비자들이 1시간 동안 줄을 섰습니다. 그렇게 기다렸다가 먹고 가더라고요. 화려하지 않아도 깨끗하고 믿을 만한 음식에 반응한다는 생각을 했죠. 소비자들에게 더 가깝게 다가가기 위해 식재료가 아닌 음식을 파는 일을 해봐야겠다는 아이디어를 얻었습니다."

외식 소비가 늘어난다는 점도 강용 대표의 위기의식을 자극했다.

"집에서 요리를 해 먹는 사람이 점점 줄어드는 게 느껴지더라고요. 그런데 식당들은 원가에 목숨을 걸잖아요? 외식이 늘어나면 값싼 수입 농산물 소비가 늘고, 국산 농산물과 친환경 농산물은 아예 설 자리가 없어질 것 같다는 생각을 했습니다."

식당들을 설득해 유기농 채소를 사용하도록 해볼까 했지만 쉽지 않았다. 역시 원가 문제가 발목을 잡았다. 직접 해보는 선택지만이 남았다. 그는 2006년 광주에 유기농 쌈밥집을 차렸다. 좋은 식재료가 있으니 당연히 성공할 것이라고 믿었다.

○ 두 번의 실패를 통해 배운 것

하지만 실패였다. 식재료가 좋은 것과 식당을 잘 운영하는 것은 달랐다. 직원을 관리하는 것도 어려웠고 고객에게 서비스 마인드를 갖고 접근하는 것도 쉽지 않았다.

"농장에서 진행한 유기데이에서 밥을 먹었던 사람들은 불편함을 감수하고 농장을 찾은 사람들이더라고요. '의미 있는 농법을 하는 농장과 함께한다', '현장에서 아이들이 뛰노는 재미도 있다' 등 음식 이상의 가치를 추구한 거죠. 하지만 식당을 찾은 사람은 음식에만 집중합니다. 외형상 조그만 결함이라도 있는 채소는 먹고 싶지 않아 했죠. 쉽지 않더라고요."

그는 2년 6개월 만에 쌈밥집을 접었다. 그러나 외식으로 승부를 봐야 한다는 생각은 버리지 않았다.

두 번째 도전은 뷔페였다. 서비스 비중을 줄이고 양으로 승부했다. 고객들의 반응은 생각보다 좋았다. 뷔페는 항상 손님으로 가득 찼다. 하지만 기쁨도 잠시였다.

"월말에 정산할 때면 고개가 갸우뚱해졌어요. 손님은 분명 많았는데, 이익은 나지 않았습니다."

뷔페식으로 대량으로 먹기에는 유기농 채소의 원가가 너무 비쌌던 게 문제였다. 두 번째 도전도 실패로 끝났다. 그는 쌈밥집에서는 서비스의 중요성을, 뷔페에서는 가격과 원가의 중요성을 배웠다.

세 번째 도전이 2017년 여름 문을 연 분식집 '김농부밥쉐프'다.

○ 친환경을 저렴하게 먹자

그가 분식집을 차린 것은 모든 연령, 모든 계층에 접근이 가능하다는

"1만 원이 넘는 뷔페는 작정하고 와야 하지만

3,000원짜리 김밥은 그래도 쉽게

사 먹을 수 있겠다는 생각을 했죠."

_ 김농부밥쉐프 강용 대표

점 때문이었다.

"1만 원이 넘는 뷔페는 작정하고 와야 하지만 3,000원짜리 김밥은 그래도 쉽게 사 먹을 수 있겠다는 생각을 했죠."

친환경 농산물이라고 해도 무조건 높은 가격만 고집해서는 안 된다는 그의 평소 주장과도 일맥상통한다. 그는 친환경 농산물이 대중화되지 않고 일부 고소득층만의 전유물로 남는다면 관련 산업은 성장할 수 없다면서 분식집 김농부밥쉐프는 친환경 농산물 대중화가 시작되는 지점이 되고 싶다고 말했다.

단순해 보이는 분식이지만, 들어가는 식재료를 보면 단순하지 않다. 채소류는 학사농장 조합원들이 재배한 친환경 농산물을 쓰고, 달걀은 전남 화순에서 자연 방목해 키운 닭이 낳은 것만 사용한다. 참치 캔도 새로 만들었다. 수은 함량이 낮은 어종을 골라 화학첨가물을 넣지 않는 레시피를 개발했다.

강용 대표가 이 식당에서 가장 자신 있게 추천하는 메뉴는 무엇일까?

그는 대답 대신 모자와 앞치마를 들고 주방으로 들어갔다. 몇 분 후 그는 짜장면 한 그릇을 내왔다. 밀가루 대신 쌀로 만든 국수가 들어가고 춘장 대신 직접 개발한 짜장소스를 넣었다.

"중국집 짜장면이 하루에 700만 그릇이 팔린다는 기사를 봤어요. 만약 쌀 짜장면이 그걸 대체할 수 있다면 우리 쌀 과잉생산 문제는 단숨에 해결될 거예요. 아침밥 먹자는 캠페인 해서 쌀 소비량이 늘었나요? 전혀 안 늘었어요. 그런데 쌀국수로 만든 짜장면과 잔치국수가 맛있다는 게 알려지면 가능할 걸요? 농업의 변화는 농장에서 시작되는 게 아닙니다. 소비자에게서 시작되는 거죠. 그래서 말인데, 맛이 있나요?"

꿀로 만든 와인은
어떤 맛일까?

○
○

2010년 양봉 농가들은 '벌꿀 풍년'을 맞았다. 꽃이 지는 시기가 늦어져 꿀통에 꿀이 넘쳐흘렀다. 문제는 대량으로 생산되는 꿀을 사줄 곳은 변하지 않았다는 것. 농가 창고마다 팔지 못한 꿀이 몇 백 통씩 쌓였다.

경기도 양평군의 양봉 농부인 양경열 아이비영농조합 대표는 고민을 거듭했다.

"보통 한 가정이 1년에 꿀 한 병을 다 먹지 못합니다. 그래서 어떻게 하면 사람들이 자연스럽게 꿀을 더 많이 먹게 할 수 있을까를 생각했습니다."

그러다 문득 술을 떠올렸다. 술이란 게 두어 명이 기분 좋게 마시다 보면 와인 한 병은 뚝딱이지 않은가? 바로 연구를 시작했다. 꿀에 효모를 넣으면 꿀의 당분이 알코올로 바뀌는 것에 착안했다. 레시피를 만드느라 비싼 꿀을 버리기만 수백 통. 여러 시도 끝에 밑술을 만든 뒤 여기에 꿀을 넣어 발효시키는 데 성공했다.

이 벌꿀발효주는 2012년부터 농림축산식품부 '우리술품평회'에서 3년 연속 대상을 받았다. 게다가 식품계의 노벨상으로 불리는 몽드셀렉션(1961년 벨기에 브뤼셀에서 만든 음식과 음료 등에 관한 품질 평가 기관)에 출품해 금상까지 수상했다.

○ 꿀벌을 연구하는 박사급 농부들

양경열 농부가 대표로 있는 아이비영농조합법인은 봉산물(벌 부산물) 가공 연구소다. 전신은 경기도 양봉 농민 800여 명이 가입해 있는 경기도양봉연구회. 꿀뿐만 아니라 로얄젤리, 프로폴리스, 봉독(벌의 독) 등 여러 봉산물의 발전을 고민하고 연구한다.

그는 2000년에 귀농한 양봉인이다. 양봉은 열 통으로 가볍게 시작했다. 그런데 하다 보니 재미가 붙었다. '꿀벌 공부'를 위해 여러 선배 양봉 농가를 찾아다녔다. 하지만 열에 아홉은 문전박대였다. 그는 그게 안타까웠다.

'우리나라에 양봉 기술을 가르쳐주는 곳이 이렇게나 없구나.'

목마른 사람이 우물을 팠다. 농업기술원을 찾아가 정기 교육을 부탁하고, 양봉 농가 모임을 만들어 달라고 했다. 그렇게 양평군의 양봉인들이 모여 만든 단체가 양평양봉연구회. 그게 더 커진 게 경기도양봉연구회다. 연구회는 각 농가가 연구한 여러 기술을 공유하고, 1년에 한 번씩 발표회를 갖는다.

양봉 정보를 공유하다 보니 성과도 쌓였다. '국내 최초'란 타이틀도 여러 개다. 프로폴리스 추출 기간을 1년에서 3일로 줄였다. 고압멸균방식으로 프로폴리스를 빼내는 추출기를 개발해 특허를 받았다. 벌을 죽이지 않으면서 봉독을 쉽게 채집하는 기술도 개발했다.

"열심히 연구하고 나누다 보니 지금은 지역 양봉인들이 다 박사급입니다."

양경열 대표는 2017년 농식품부 신지식농업인에 선정됐다.

○ 꿀이 마르면 '봉독', 꿀이 넘치면 '와인'

그는 양봉 산업이 위기에 처했을 때마다 여러 아이디어로 농가들을 살려왔다. 2004년부터 3년간은 전국적으로 꿀이 제대로 안 나왔다. 이상기온으로 일교차가 커지면서 꽃이 제대로 피지 못했다. 2010년 벌꿀 풍년과 반대 상황, '벌꿀 흉년'이었다. 양봉 농가들은 당장 먹고살 길이 막막했다.

그때 그가 생각한 게 벌의 독이었다. 봉독은 한의학에서 치료제로 쓰이고, 가축의 면역력을 높이는 것으로 알려진 물질이다. 꽃이 없어 천연꿀은 안 나와도 벌을 잘 길러놓기만 했다면 독은 채집할 수 있었다. 벌을 죽이지 않으면서 봉독을 채집하려면 어떻게 해야 할까? 그는 '전기충격' 방식의 봉독채집기를 고안했다. 벌이 봉독을 내뿜지만, 벌침이 빠지지 않아 죽지 않았다.

그렇게 모은 봉침액이 800그램이었다. 이 봉침액을 희석해 돼지에 주사하면 천연 항생제 효과가 생겼다. 경기양돈연구회 '아이포크'가 키우는 돼지에 써봤다. 양돈 농가들은 크게 만족했다.

"꿀이 안 나올 때 농가 수익원을 고민하다가 벌침을 축산에 응용한 거죠. 지금도 저희 봉침액을 쓰는 축산 농가들의 반응이 좋아요."

몇 년 후 '벌꿀 풍년'일 때는 벌꿀 발효주를 개발해 남는 꿀의 판로를 마련했다. 행사 건배주나 축하주로 이름이 알려지면서 허니비와인은 연간 5,000병씩 팔려나간다. 벌꿀로 만든 발효주라 아주 달 것 같지만, 당도는 스위트한 와인보다 오히려 낮다. 가벼운 단맛이 아닌 그윽한 단맛이 느껴진다는 평가다.

"개발 과정에서 고생 많았죠. 그래도 허니비와인이 우리술품평회에서 대상을 타니까 그렇게 고생한 것도 싹 날아갔습니다. 품질은 인정받았으니 이제 더 많은 사람들에게 좋은 술이 있다고 알리고 싶어요."

○ 천연 꿀맛과 가치, 직접 보여줘 설득할 것

2018년 양경열 대표는 벌통 50통을 일반인에게 분양할 계획이다. 돈벌이 목적보다는 벌집에서 딴 1등급 꿀의 맛과 가치를 사람들에게 알리고 싶다는 마음에서다. 그는 천연 꿀이 비싸다는 소비자의 생각이 바뀌었으면 한다. 직접 양봉을 해보며 꿀을 맛보고 경험하면 천연 꿀과 봉산물에 대한 사람들의 인식이 달라질 것이란 게 그의 설명이다.

"꿀이 워낙 '가짜'가 많지 않습니까? 사람들이 와서 저희 꿀이 '왜 이렇게 비싸냐?'고 묻는데, 그럼 저는 이렇게 답합니다. '꿀은 그렇습니다. 산지가 더 비쌀 수밖에 없습니다.' 수수료율이 높은 백화점을 통해 유통되면서 값이 싸다면, 그건 원가가 낮다는 소리예요. 벌이 몇 차례 되새김질을 하면서 잘 숙성돼야 그게 1등급 꿀입니다."

그는 먹거리를 '어설프게' 만드는 일을 참기 힘들다고 했다. '한탕주의식으로 먹거리를 생산하는 사람들을 보면 화가 난다는 것이다.

"몇몇 박람회에 가보면 가짜 꿀을 파는 사람들이 있어요. 그 옆에서 진짜 꿀을 팔아도 소비자들은 믿어주지 않아요. 그럼 선의의 피해자가 생기는 거죠. 먹거리만큼은 잘못 만들었을 때 엄중하게 처벌해야 한다고 봅니다."

그는 벌통 분양 사업으로 사람들이 조금씩 고품질 꿀에 익숙해지면 언젠가는 제대로 된 봉산물이 인정받을 날이 올 것이라 믿는다.

"농장에 와서 자기 벌통도 관리하고, 꿀도 따서 가져가는 거예요. 온 김에 다른 제품을 사가기도 하고요. 하루 이틀 만에 인식이 싹 바뀌진 않겠지만 소문이 나고, 말이 전해지면서 조금씩 달라지지 않을까요?"

경기도양봉연구회장이기도 한 양경열 대표는 요즘 유행인 '도시 양봉'에 반대한다. 주변에 물어오는 양봉인이 있으면 '서울 가서 꿀 따지 마라'고 조언한다고 한다. 일반인들이 양봉업을 잘 알게 된다는 점은 긍정적이지만 양봉의 취지가 훼손될 수도 있다는 우려에서다.

"도시 양봉의 시작점은 좋을지도 모르겠습니다. 하지만 양봉의 기본은 꿀을 따는 일이지 않습니까? 그 꿀을 사람이 먹는 거고요. 대기오염이 심한 서울, 가로수에 농약을 심하게 치는 도시에서 딴 꿀을 정말 마음 놓고 먹을 수 있을까요?"

"개발 과정에서 고생 많았죠.

품질은 인정받았으니 이제 더 많은 사람들에게

좋은 술이 있다고 알리고 싶어요."

_ 아이비영농조합법인 양경열 대표

그는 되도록 청정지역에서 양봉을 하는 걸 권한다고 말했다. 그가 경기도 양평에 자리 잡은 것도 이 때문이다. 다만 꿀벌이 살아갈 청정지역이 점차 사라지면서 양봉에 적합한 곳이 줄어들고 있다는 게 안타까울 뿐이다.

"양봉산물의 가치가 6,000억 원에서 7,000억 원이면, 꿀벌이 화분을 매개할 때 생겨나는 공익적 가치는 6조 원에 달한다는 연구 결과도 있습니다. 좋은 먹거리에 필수적인 게 바로 꿀벌이에요. 정부가 먹거리 문제를 중요하게 생각한다면 우리 꿀벌을 소중하게 생각할 줄 알아야 합니다."

'젖과 꿀이 흐르는 땅'은 구약성경에 나오는 사람이 살기 좋은 비옥한 땅을 일컫는 대명사다. 수천 년 전이나 지금이나 우리가 살아가는 환경은 동일하지 않을까? 벌과 나비가 꽃을 찾아 날아들고 거기서 나는 꿀을 마음 놓고 먹을 수 있는 풍요로운 세상은 그때나 지금이나 모두가 꿈꾸는 세상일 것이다.

특급 호텔이 인정한
지리산 생햄

○
○

      2017년 여름 유럽에서 E형 간염 바이러스 감염자가 급증했다는 소식이 들려왔다. 햄과 소시지를 먹은 뒤 이 증세를 호소한 환자가 곳곳에서 생겨나고 있다는 것이었다. 가열해서 먹는 일반 소시지는 문제가 없지만 발효시켜서 먹는 생햄이 E형 간염의 진원지로 지목됐다. 살충제 달걀 파동으로 식품 안전 문제에 민감해진 상황에서 들려온 소식에 식품의약품안전처는 유럽산 햄과 소시지의 유통 중단 조치를 내리고 조사에 들어갔다.

  나중에 이 사태는 6년 전 있었던 일이 잘못 전달되면서 일어난 해프닝으로 정리됐다. 주한 EU대표부는 식품의약품안전처의 유통 중단 조치가 근거 없다는 서한을 보내왔고, 식품의약품안전처도 조사 시작 12일 만에 '문제없음' 결론을 내렸다.

  국내에서 사용되는 생햄은 하몽과 프로슈토, 살라미 등이다. 이탈리아와 스페인 요리에서 빠질 수 없는 식재료다. 특급 호텔 식당, 고급 레스토랑, 와인 바 등의 식자재 구매 담당자들은 12일간의 유통 중단 사태 때 발등에 불이 떨어졌다. 수입 생햄을 대체할 국산 제품이 필요했다. 그중에서도 가장 흔치 않은 햄은 스페인식 '하몽'이었다. 대중적으로 잘 사용되지 않기 때문에 만드는 곳을 찾기도 어려웠고, 일부 업체를 만났지만 품질이 기대 이하였다. 그런 와중에 워커힐호텔, 웨스틴조선호텔 등 특급 호텔 담당자들의 발길이 이어진 곳이 있었다. 전라북도 남원시에 있는 하몽 업체 '솔마당'이다. 오인숙 대표는 하몽을 만들기 시작한 지 10년 만에 호텔식당에서 사용해도 될 정도의 품질로 인정받은 것 자체가 기뻤다고 했다.

○ 하몽 제조에 도전하다

하몽은 돼지 뒷다리로 만든다. 한국에서 뒷다리는 돼지고기 가운데 값이 가장 싼 부위로 알려져 있다. 기름기가 적어 구워 먹을 때 고소한 맛이 덜하다는 이유에서다. 오인숙 대표가 하몽 제조에 나선 것은 바로 뒷다리 살 가격 때문이다. 그녀의 남편인 박화춘 대표는 양돈회사인 다산육종을 운영하고 있다. 다산육종은 뒷다리 살보다 고소하고 부드러운 것으로 알려져 있는 앞다리 살까지는 100퍼센트 구이용으로 판매했지만 뒷다리 살은 그만큼 판매하지 못했다. 오인숙 대표는 뒷다리 부위를 좋은 가격에 판매할 수 없을까를 고민했다.

"도쿄에서 열리는 식품박람회를 매년 갑니다. 언젠가 한 부스에 돼지 뒷다리가 걸려 있는 걸 봤어요. 약간 징그러워 보이기도 했는데, 사람들은 그 뒷다리가 있다는 것을 굉장히 자랑하더라고요. '뭐가 이렇게 비싸?'라고 생각하면서 알아보니 그게 하몽이더라고요."

하몽은 돼지 뒷다리를 통째로 소금에 절인 뒤 그늘에서 곰팡이가 피도록 건조 숙성시켜 만드는 생햄이다. 스페인의 대표적인 생햄으로 얇게 잘라 하몽 자체를 먹기도 하고, 멜론 등 과일과 함께 먹거나 빵 사이에 끼워 샌드위치를 만들어 먹기도 한다.

오인숙 대표는 뒷다리 살의 부가가치를 높이겠다는 생각으로 2008년 무작정 하몽 제조에 도전했다. 처음에는 소금에 절인 뒤 발효시키면 된다는 가벼운 생각으로 시작했다.

○ 본고장 스페인 견학에서 배운 것

하지만 생각만큼 쉽지 않았다. 무엇보다 국내에서는 노하우를 배울 곳이 없었다. 하몽 제조에 무작정 뛰어든 지 1년 뒤 그녀는 본고장인 스페인을 찾았다. 방목장에 풀어놓고 도토리를 먹여 키우는 '이베리코 베요타' 등급의 돼지 뒷다리로 만든 하몽을 최고로 친다는 것부터, 하몽을 발효시키는 적정한 온도, 더운 날에는 냉장시설에 보관해야 한다는 것 등 실무적인 노하우를 두루 익혔다.

"본고장에서 배운 것은 크게 두 가지였던 것 같아요. 어떤 식으로 가공을 하든지 원재료가 어떤가에 따라 품질이 갈린다는 점이에요. 이베리코 베요타 등급의 돼지로 만든 하몽은 다른 것보다 가치를 몇 배 높게

쳐주더라고요. 이 부분에선 돼지고기 품질 개선을 연구하는 남편의 농장에서 가져온 돼지고기를 쓴다는 점이 도움이 될 수 있을 거라고 생각했어요."

두 번째 배운 점은 '똑같은 하몽은 없다'는 것이다.

"하몽은 김치처럼 지역마다 만드는 방식이 달라요. 같은 방식으로 만들어도 당시의 기후 환경에 따라 맛이 달라지기도 하죠. 스페인과 멀리 떨어진 한국의 기후와 환경에서 만들어진 하몽이 꼭 스페인과 같을 필요는 없는 거죠."

오인숙 대표의 말처럼 농촌진흥청이나 축산과학원 등 발효 생햄 연구자들은 한국 생햄을 유럽 생햄보다 덜 짜게 만드는 연구를 하고 있다. 우리나라 국민들 중 유럽산 생햄의 짠맛을 견디지 못하는 경우가 많다는 판단에서다.

그녀는 견학에서 돌아와 하몽 제조시설을 새로 꾸렸다. 2억 원을 투자해 15평 규모의 냉장 및 건조시설을 지었다. 뒷다리 무게가 10~14킬로그램인 것을 선별해 2년 이상 3년 미만의 기간 동안 발효한다는 원칙도 세웠다.

"12킬로그램짜리 뒷다리를 발효하고 건조하면 3년 후에 7킬로그램이 돼요. 뼈를 발라내면 약 3.5킬로그램 정도가 나오죠."

○ 55만 원짜리 치즈 맛 나는 한국산 하몽

오인숙 대표가 만든 하몽은 어떤 맛일까?

"하몽은 김치처럼 지역마다 만드는 방식이 달라요.

스페인과 멀리 떨어진 한국의 기후와 환경에서 만들어진 하몽이

꼭 스페인과 같을 필요는 없는 거죠."

_ 솔마당 오인숙 대표

"저희 하몽에서는 짙은 치즈 풍미가 나요. 다른 한국산 생햄이 된장 향기를 띠는 것과 약간 다릅니다."

다리 한 짝의 가격은 55만 원이다. 비싼 가격일까?

"이 질문에 일반인들은 '그렇다'고 답하고, 마니아들은 '아니다'라고 답해요. 스페인에서 최고 등급을 받는 베헤르의 하몽은 다리 한 짝에 750만 원에도 팔려요. 그걸 생각하면 아직 그렇게 비싼 건 아니죠. 물론 품질을 그만큼까지 끌어올리는 게 먼저입니다."

남원에 있는 솔마당 하몽 제조공장 옆에는 작은 모임 공간이 있다. 10~20명이 하몽과 함께 와인과 요리를 즐길 수 있도록 그녀가 마련한 공간이다.

"하몽에 관심이 많은 셰프 한 분이 남원에 내려와서 솔마당과 함께 하몽을 연구하고 있어요. 맛있는 요리를 개발해 소규모 팜 파티도 열고, 지역 축제 때도 적극적으로 하몽을 소개해보려고 해요. 한번 와서 하몽 건조 과정도 둘러보고, 맛있는 음식도 먹고 싶은 분이 있다면 언제든 환영입니다."

이제 머나먼 스페인을 직접 가지 않아도 성춘향과 이몽룡이 처음 만나 사랑을 맺었다는 광한루(廣寒樓) 절경을 바라보며 와인 한잔에 하몽 한 조각을 즐길 수 있게 된 것인가?

인스타그램을 수놓은
벚꽃 스파클링

O

O

2017년 유통업계 히트 음료 중 하나는 '벚꽃 스파클링'이었다. 편의점 GS25가 상반기 단독 상품으로 출시한 이 제품은 한 달 만에 무려 80만여 개가 팔렸다. 매출은 약 8억 원. 같은 기간 코카콜라보다 더 많이 판매됐다.

덕분에 사진 기반의 SNS인 인스타그램에서도 꽃 음료 인기는 뜨거웠다. 대구 지역 카페 '오르다', 경기도 시흥시의 북카페 겸 꽃집 '책 피우다' 등은 꽃 라테와 꽃 에이드를 맛볼 수 있는 맛집으로 떠오르기도 했다.

이 꽃 음료의 인기 뒤에는 꽃 농부가 있다. 경상북도 영주시에서 약 8,000평 규모의 꽃나무를 키우는 장재영 우리꽃연구소 대표가 주인공이다. 그는 꽃잎을 농축해 만든 꽃 농축액을 기반으로 시럽과 청, 잼 등을 만들어 카페에 납품한다. 서울시 동대문구 제기동에 있는 우리꽃연구소 사무실을 찾아온 손님들에게 그는 '장미 한잔'을 권한다. 장미 비누나 캔들은 들어봤지만 장미 음료라니? 낯설지만 우유 거품 속에 담긴 장미는 진한 향긋함을 머금었다. 오미자 같은 신맛의 여운도 있다. 빨간색이라 딸기 맛이 날 것 같았지만 딸기와는 확실히 다르다. 그는 꽃 고유의 맛을 최대한 살린 레시피라고 설명했다.

○ 무작정 저자를 찾아가다

장재영 대표는 평범한 직장인이었다. 대형 전자 업체에서 신기술 기획 업무를 하다가 카드회사로 옮겨 마케팅 기획을 담당했다. 그가 꽃차와 인연을 맺은 것은 우연히 읽은 책 한 권 때문이다. 2006년 꽃차 전문가인 송희자 명인이 쓴 《마음 맑은 우리 꽃차》를 읽은 뒤 무작정 저자를 찾아갔다. 송희자 명인은 1994년부터 전남 담양에서 꽃차를 만들어온 전문가다. 현재 꽃차문화진흥협회를 설립해 회장도 맡고 있다.

다짜고짜 찾아온 낯선 손님은 어떻게 됐을까?

"사업계획서를 써 가지고 가서 삼고초려 했습니다. 끈기와 정성을 알아준 송 선생님께서 제게 꽃차 유통을 맡기셨어요. 유통업으로 시작한 거죠."

결과는 좋았다. 그럭저럭 판매도 됐고 입소문을 타며 마니아층도 생겼다. 유통을 본격적으로 시작한 직후 봄 시즌에는 한 달간 전 직장에서 받던 연봉의 절반 정도까지 벌었다.

그러나 3개월 만에 상황이 바뀌었다. 6~8월 비수기를 지내며 꽃차 판매량이 급감한 것이다. 날씨가 더워지면서 사람들이 더 이상 차를 마시지 않았다. 그는 초기의 위기를 겪으며 소비자들이 꾸준히 구매할 수 있도록 제품을 다양화해야 할 필요성을 느꼈다. 꽃차 종류를 늘리고 티백 형태의 제품을 개발하면서 사업은 점차 안정을 되찾았다.

장재영 대표는 사업을 좀 더 키우고 싶었다. 소비자들이 지금보다 간편하게 자주 꽃을 먹게 하고 싶었다.

"하지만 송 선생님의 생각은 약간 달랐어요. 야생 꽃을 채취한 후 꽃잎을 말려 차를 만드는 전통 방식을 고수하길 원하셨죠. 결국 독립을 택했습니다."

○ 제대로 된 꽃 농부의 길

비로소 그는 농부가 됐다. 경북 영주의 야산을 구매해 2010년부터 꽃나무를 심었다.

"영주를 선택했던 이유는 땅값이 쌌기 때문이에요. 다른 연고는 없습니다. 목련과 벗나무를 심었어요. 꽃잎을 대량으로 확보하는 게 중요했는데, 벗꽃이나 목련 등을 식용으로 재배하는 곳이 별로 없더라고요."

그러고 나서 3~4년을 기다렸다. 2013년부터 벗꽃과 목련이 본격적으로 꽃을 피우기 시작했다.

"꽃을 활용한 가공식품을 만들고 싶었어요. 다른 기업들이 생산한 이른바 꽃 제품을 먹어봤는데 실망스럽더라고요. 사실상 꽃의 향과 맛이 아예 사라진 제품들이었죠."

그는 꽃을 넣은 가공식품을 크게 두 가지로 분류했다. 극소량의 꽃을 넣고 인공적인 꽃향기를 첨가하거나 맛은 과일로 내고 색을 내는 데 꽃을 활용하는 방식이다.

장재영 대표는 꽃이 중심이 되는 가공식품을 만들고 싶었다.

"제대로 된 꽃잎 농축액을 만들기 위해서 온도와 시간, 압력 값을 바꿔가며 4년 동안 연구했어요. 배합 기계만도 5대를 갈아 치웠죠. 어느 날 '정말 괜찮다' 싶은 맛이 나왔는데, 배합비가 확실하지 않은 거예요. 그 레시피 복원에 6개월을 더 쓴 끝에 지금의 꽃잎 농축액이 나왔습니다."

○ 하루 종일 꽃에 파묻혀 사는 남자

장재영 대표는 이 꽃잎 농축액을 에스프레소라고 표현했다. 농축액 원액은 써서 못 먹을 정도라고 한다. 커피의 원액을 물에 희석하면 아메리카노, 우유와 함께하면 카페라떼인 것처럼 그는 이 농축액을 기반으로 다양한 제품을 만들었다.

벌꿀 외에는 다른 것이 전혀 들어가지 않는 벚꽃청, 장미청, 아카시아청 등 청 제품은 백화점 소비자를 겨냥했다. 레몬주스가 일부 첨가된 잼은 상대적으로 저렴하게 자체 온라인몰을 통해 팔았다.

"솔직히 말씀드리면 카페에 납품하는 코디얼(시럽의 일종)에는 인공적인 향이 일부 들어갑니다. 납품처의 요구를 마냥 무시할 수도 없는 입장이라 불가피한 선택이었습니다."

2017년 초 GS25와 함께 개발한 벚꽃스파클링은 우리꽃연구소를 널리 알린 계기가 됐다. "벚꽃 판매량은 생각보다 많지 않았지만 회사 인지도

"제대로 된 꽃잎 농축액을 만들기 위해서

온도와 시간, 압력 값을 바꿔가며

4년 동안 연구했어요."

_ 우리꽃연구소 장재영 대표

를 높이는 데에는 큰 도움이 됐습니다. 국내 최대 수목원인 아침고요수목원과 제이드 가든에서도 우리꽃연구소의 제품을 쓰기로 했습니다."

최근에는 청과 식초를 기반으로 한 선물 세트를 내년 설에 맞춰 현대백화점과 신세계백화점에서 판매하기로 계약도 맺었다. 하루 종일 꽃에 파묻혀 사는 남자, 장재영 대표의 꿈을 무엇일까?

"제 꿈은 꽃 가공식품으로 해외에 진출하는 겁니다. 전 세계적으로 단백질, 지방, 탄수화물 등 3대 영양소가 부족한 시대는 지났습니다. 이제는 식품에도 영양만큼 감성이 중요한 시대입니다. 꽃 가공식품은 영양과 감성을 모두 잡을 수 있는 제품이라고 생각합니다. 전 세계 카페에서 한국에서 자란 꽃으로 만든 꽃라떼와 꽃에이드를 팔 수 있는 날이 오면 얼마나 좋을까요?"

'펀치볼 시래기'로
대박을 터뜨리다

○
○

      귀농인이 농촌에서 경제적으로 크게 성공하는 건 쉽지 않다. 세세한 지역 정보를 얻기 힘든 상황에서 처음부터 좋은 땅을 구하기도 힘들다. 어렵게 땅과 농기계를 구해 농사를 짓는다 해도 초기 2~3년 동안은 시행착오를 겪으며 적자를 내는 경우가 많다.

    조하연 펀치볼산채마을 대표는 귀농 실패의 가능성이 높은 조건들을 여럿 떠안은 채 2005년 강원도 양구군 해안면으로 귀농했다. 충남 부여군이 고향인 조하연 대표에게 양구군은 의지할 사람 하나 없는 완전한 타향이었다. 가족들의 귀농 반대도 만만치 않았다. 중국 사업에서 실패한 그는 혈혈단신 양구군으로 향했다.

    양구군에 정착한 지 13년이 지난 현재, 그는 연 15억 원가량의 매출을 올리는 영농조합법인을 이끌고 있다. 3,000평 규모로 시작한 그의 개인 농장도 그사이 3만 평으로 10배나 커졌다. 비결이 무엇일까?

○ 화채 그릇 안에 담긴 시래기

양구군은 최근 몇 년 사이 시래기 주산지로 떠오른 곳이다. 무의 줄기(무청)를 겨우내 말렸다가 푹 삶아낸 시래기는 무를 키우는 곳이라면 어디서든 만들 수 있다. 그러나 양구군이 시래기를 지역 특산품으로 내세울 수 있게 된 건 해안면에서 나오는 '펀치볼 시래기'의 명성 덕분이다. 펀치볼 시래기가 소비자들 사이에서 입소문이 나면서 해안면이 속한 양구군이 시래기 주산지라는 이미지를 얻게 됐다.

펀치볼은 해안면에 붙여진 별명이다. 6·25전쟁 당시 전선을 취재하던 외국 종군기자가 산에서 내려다본 해안면의 지형이 '화채 그릇Punch Bowl' 같다고 해서 붙인 별칭이다. 농림축산식품부에 따르면 펀치볼 같은 이곳 해안면에서 2017년 11월 기준 전체 농가의 약 80퍼센트인 250가구가 시래기 농사를 짓고 있다. 조하연 대표도 이곳에서 시래기 농사와 가공을 하고 있다. 펀치볼 시래기가 인기를 얻는 데 상당한 기여를 한 것으로 평가받고 있다.

"2013년 처음 홈쇼핑에 나갔을 때만 해도 진짜 시래기가 홈쇼핑에서 팔릴까 저조차 의심스러웠습니다. 요리할 때마다 그때그때 먹을 수 있게 시래기를 소량으로 포장해서 팔고, 가공식품을 개발한 게 펀치볼 시래기를 알리는 데 크게 도움이 됐습니다."

그가 해안면에 첫발을 들인 2005년만 해도 이곳은 시래기보다는 감자와 일반 무를 주로 키우던 곳이었다. 시래기는 그저 무를 키우면 생기는 부산물 정도로 여겨졌다. 조하연 대표 역시 귀농 후 2년간은 주변 농민들처럼 감자와 일반 무를 키웠다. 귀농 자금이 넉넉하지 못한 탓에

3,000평 땅을 빌려 농장을 차렸다.

그가 시래기의 수익성을 깨닫고 본격적으로 시래기 농사에 뛰어든 건 어느 정도 농사일에 익숙해졌을 무렵인 2007년이다. 남의 땅을 빌려 작은 규모로 농사를 짓던 그에게 시래기는 토지 효율성을 극대화할 수 있는 작물이었다. 8월 초까지는 감자 농사를 지은 뒤 8월 중순에 무를 심어 10월 말 정도에 시래기만 수확하면 이모작이 가능했기 때문이다.

○ 성공적인 첫 홈쇼핑 데뷔

민간인통제구역에 자리 잡은 해안면의 겨울은 11월부터 시작된다. 남쪽 지역에서는 한창 무를 수확하는 11월이지만 해안면에서 그때까지 무를 밭에 놔두면 추위를 견디지 못한다. 이모작으로 농사짓기 위해서는 무의 몸통은 포기하고 시래기만 잘라내는 수밖에 없다.

"무를 밭에서 키우면 다 자랄 때까지 90일 정도가 걸려요. 그런데 시래기는 무를 심고 50~60일만 지나도 수확할 수 있어요. 11월이 되면 해안면에서는 추워서 아예 농사를 못 짓는데, 시래기는 그전에 이미 다 자라서 10월 말이면 수확할 수 있는 겁니다. 무 농사를 짓는 게 아니라 시래기 농사를 짓기로 한 거죠. 이제 해안면 사람들을 농사지을 때 무가 잘 나오는 종자가 아니라 무청이 잘 자라는 종자를 갖다 써요."

시래기 농사로 수익을 낼 수 있겠다는 생각이 들자 그는 발 빠르게 움직였다. 2007년 주변 농민 4명과 함께 영농조합법인 펀치볼산채마을을 설립하고 대표를 맡았다. 농사를 잘 몰랐던 그가 법인 대표를 맡은 건 그의 경영, 재무, 회계 등 사업 관련 지식과 경험 때문이었다. 비록 실패하긴 했지만 그는 2000년대 초반 수년간 중국 칭다오에서 봉제 인형 공장을 운영했다. 본인 사업체를 차리기 전에는 줄곧 무역회사에서 일하며 중국에서 스포츠용품을 수입하는 일을 했다.

영농조합의 시래기 생산과 가공 사업이 본격적으로 탄력을 받은 건 2013년부터다. 그전에도 말린 시래기와 삶은 시래기를 수도권 학교 급식에 납품하는 등 조합의 성과가 없었던 건 아니다. 하지만 유통 업체를 통해 납품하는 방식이어서 수익이 많지는 않았다. 수익을 끌어올리기 위해선 소비자와 직거래할 수 있는 유통채널을 만드는 일이 필수적이었다.

2013년 대형 홈쇼핑 방송을 통해 시래기를 판매한 것이 매출과 수익을 모두 끌어올리는 결정적인 계기가 됐다. 걱정이 컸던 만큼 방송 데뷔 준비는 더 철저하게 했다. 일반 가정집에서 시래기를 사다 요리할 때 겪는 불편함은 두 가지였다. 첫째, 말린 시래기를 삶아서 다시 씻어내야 하는 번거로움이었다. 둘째, 시래기를 적은 용량으로 나눠 포장해 파는 곳이 많지 않아 사온 시래기를 다 먹지 못하고 버리는 경우가 많았다. 가족 구성원 수가 점점 줄어들고 있는 트렌드를 따라잡지 못하고 있었다.

조하연 대표는 농민 동료들과 함께 소비자들이 좀 더 편하게 시래기를 먹을 수 있는 방법을 고민했다. 소비자가 간편하게 요리해 먹을 수 있게 적은 용량으로 나눠 담는 방법을 고안했다. 4인 가족이 한 번 국을 끓여 먹을 수 있는 분량인 200그램으로 포장하고 15개를 묶어 한 세트로 만들었다.

첫 홈쇼핑 데뷔는 성공이었다. 방송을 위해 준비한 6,500세트가 모두 팔렸다. 한 세트당 가격이 4만 원가량이었으니 방송 한 번으로 2억 6,000 여만 원의 매출을 올린 것이다. 홈쇼핑 업체에 지불해야 하는 수수료가 만만치 않았지만 농촌 영농조합으로선 깜짝 놀랄 만한 매출이었다. 펀치볼이라는 지명이 주는 친환경적인 느낌과 소비자의 편의를 고려한 상품 포장 방법 덕분이었다.

○ 시행착오 끝에 얻게 된 세 가지 교훈

빠르게 변하는 트렌드를 따라잡기 위한 노력은 계속됐다. 맞벌이 부부와 1·2인 가구가 증가하면서 집에서 직접 밥과 요리를 해먹는 가구가 줄어들고 있다. 이런 상황에서 말린 시래기를 사다가 삶아서 국을 끓이거나 나물을 무쳐먹는 소비자들도 줄어들 수밖에 없다. 그래서 선택한 게 가공식품 개발이었다. 시래기를 활용한 즉석식품 레시피를 개발해 상품을 시장에 내놓으면 농민들로선 안정적인 판로를 확보할 수 있게 된다.

2015년 말 펀치볼시래기 가공·유통협의회를 설립하고 회장을 맡은 조하연 대표는 양구군의 지원을 받아 여러 즉석식품을 개발했다. 시래기를 넣은 순대, 고등어조림, 만두, 떡갈비 등이다. 2016년에는 두 차례에 걸쳐 미국에 3톤 물량의 시래기를 수출하는 성과도 거뒀다.

사업에 실패한 뒤 갑작스레 결심하게 된 그의 귀농. 자금도 부족했고 귀농 계획도 치밀하지 못했다. 전문가들이 꼽는 실패 확률이 높은 귀농

"농촌이라고 하면

막연하게 낭만적으로 생각하는 사람들이 많은데,

현실은 절대 그렇지 않아요.

그리고 할 수 있다면

꼭 믿음직한 멘토를 만들라고 하고 싶어요."

_ 펀치볼산채마을 조하연 대표

의 전형적인 사례다. 그만큼 시행착오도 많았다. 그 스스로도 농사일로 먹고살 만큼 돈을 벌기 시작한 건 귀농하고 7년 이상 지난 2013년께부터라고 말한다.

시행착오의 연속이었던 그가 귀농 준비생들에게 들려주고 싶은 이야기가 있다고 했다.

"우선 귀농하기 전에 땅과 집을 사지 않은 상태에서 미리 해당 지역에 내려가 생활해보는 게 필요합니다. 월세 등을 얻어 주변 농가들의 일을 도우면서 진짜 농촌에서 산다는 게 뭔지 알고 준비할 필요가 있어요. 농촌이라고 하면 막연하게 낭만적으로 생각하는 사람들이 많은데, 현실은 절대 그렇지 않아요. 그리고 할 수 있다면 꼭 믿음직한 멘토를 만들라고 하고 싶어요. 귀농을 준비할 때뿐만 아니라 내려와서 농사를 지을 때도 이런저런 조언을 해주고 고민을 이야기할 수 있는 사람이 꼭 필요해요. 진정한 멘토가 있다고 하면 어려움이 훨씬 줄어들 수 있어요. 제가 방금 말한 세 가지를 제대로 하지 못한 채 귀농했다가 5년 넘게 고생했어요. 농사로 돈을 못 버니까 5년 동안은 계속 빚으로 생활했던 거 같아요."

구황작물쯤으로 여겨지던 시래기가 건강식품으로 각광받으며 외국에 수출까지 하는 노다지가 될 줄 누가 알았겠는가? 시대 변화와 소비자들의 트렌드를 제대로 읽어내기만 한다면 농촌에는 제2, 제3의 펀치볼 시래기가 될 만한 것들이 하나둘이 아닐 것이다.

외국 농부도 와서 배우는
귀농인의 스승, 버섯 명인

○
○

경기도 여주시 강천면에서 38년 동안 버섯을 키우고 있는 이남주 자연아래버섯 대표는 자타가 공인하는 '버섯 명인'이다. 1979년 버섯 농사를 시작한 그는 새로운 재배법을 꾸준히 개발하고, 자신의 노하우를 주변에 전수해온 공로를 인정받아 2013년 농촌진흥청이 선정하는 '대한민국 최고농업기술명인'으로 뽑혔다. 성공한 부농인 그는 버섯 납품에 주력하던 2년여 전까지만 해도 매년 15억~20억 원 수준의 매출을 올렸다.

버섯 재배를 통해 부를 일군 그는 2015년 버섯 생산량을 오히려 줄였다. 더 이상 버섯 납품을 두고 다른 농가들과 경쟁하는 대신 젊은 농민들에게 자신의 경험과 노하우를 가르치는 데 집중하기 위해서다.

"젊은 시절 라디오 방송을 통해 버섯 재배에 대해 우연히 알게 된 것이 지금의 나를 만든 것처럼 다른 사람들에게도 새로운 기회를 열어주고 싶었습니다.”

1만여 평 넓이의 땅에 연면적(대지 면적 대비 건물 바닥 면적의 합) 1,200여 평 규모의 실내 버섯 생산시설들이 널찍하게 자리 잡고 있는 그의 농장은 말 그대로 ‘버섯 왕국’이다. 농장 한편에는 농민 등에게 버섯 재배기술을 가르치는 교육장, 전시·판매장, 음식점, 연구소 등도 마련돼 있다.

○ 라디오 방송이 바꾼 인생

이남주 대표의 어린 시절은 가난했다. 그 스스로 농사지을 땅도 없이 생활고에 시달려서 자신이 직접 농사를 짓게 될 줄은 꿈에도 몰랐다고 털어놓을 정도였다.

네 살 때 아버지를 여읜 그는 어렵게 고등학교를 졸업한 뒤 경남 마산시(지금은 창원으로 통합)에 있던 육영재단의 직업학교에 들어간다. 기술을 배워 홀어머니와 세 명이나 되는 누나와 여동생을 보살피기 위해서였다. 1년여 동안 직업훈련을 받고 2개의 자격증을 딴 뒤 바로 공장에 취직했다. 하지만 공장 일은 그의 적성에 맞지 않았고, 결국 그는 3개월 만에 직장을 그만두고 고향으로 돌아오게 된다.

먹고살 길이 막막하던 그때 그는 한 라디오 방송을 통해 버섯 재배로 고소득을 올릴 수 있다는 희소식을 듣게 된다.

“회사를 그만두고 여주 고향집에서 일자리를 구하면서 지내다가 우연히 라디오 뉴스를 들었습니다. 이계진 아나운서가 진행한 뉴스였는데, 버섯을 키워서 돈을 많이 벌고 있는 농장이 있다는 기사가 나왔습니다.

넓은 땅이 없어도 버섯 농사를 지으면 돈을 많이 벌 수 있다고 하니까 관심이 갔어요. 방송국에 편지를 보내 뉴스에 나온 농장이 어딘지 물어봤더니 '대한버섯연구소'라는 농장이라면서 주소와 연락처를 가르쳐주더군요."

그렇다고 해서 그가 그곳에서 버섯 재배에 대해 제대로 배운 것도 아니었다. 그는 딱 하루 동안만 재배기술을 배웠다. 교육 듣고 나올 때 종이 한 장에 버섯을 어떻게 키우는지 정리해서 갖고 나온 게 전부였다. 그 상태에서 시작했다. 정말 아무것도 모른 상태에서 버섯을 키운 것이다.

1979년 고향집 마당에 약 16평 규모의 재배하우스 한 동을 지은 게 그의 버섯 농사의 시작이었다. 어머니가 어렵게 마련해준 35만 원이 종잣돈이었다. 이후 그는 버섯에 관해 구할 수 있는 모든 자료를 구해 읽으며 재배기술을 독학했다. 1981년에는 영농 후계자 자금을 지원받아 재배 시설을 넓혀나갔다.

○ 새로운 느타리버섯 재배법으로 도약

오늘날 이남주 대표가 버섯 명인으로 불릴 수 있게 된 건 직업학교에서 배운 기술을 바탕으로 버섯 재배에 사용할 수 있는 기계를 개발해 특허를 받고, 국내에 널리 알려지지 않았던 새로운 재배기술을 발 빠르게 받아들였기 때문이다. 우리가 요즘 느타리버섯을 비교적 저렴한 가격에 언제든 사서 먹을 수 있게 된 데에는 그의 공로도 일정 부분 있다.

그는 1988년 느타리버섯을 비닐봉지에 넣고 톱밥과 쌀겨, 물 등을 넣어 살균한 배지(培地, 미생물이나 동식물의 조직을 배양하기 위해 배양체가 필요로 하는 영양물질을 주성분으로 하고, 다시 특수한 목적을 위한 물질을 넣어 혼합한 것으로 배양기, 배양액이라고도 함) 속에서 키우는 '느타리버섯 봉지재배법'을 국내에서 본격적으로 실용화하는 데 성공했다. 비닐봉지 안에서 버섯을 키우는 게 대수롭지 않은 기술로 보일 수 있지만 당시 국내에서는 일본에서 들여온 봉지재배법을 제대로 실용화한 곳이 없었다. 버섯이 자라는 데 필요한 영양분을 담고 있는 톱밥, 쌀겨, 물의 배합 비율조차 정확히 몰랐기 때문이다.

"처음에는 봉지 안에 배지를 얼마나 넣어야 하는지도 전혀 몰랐어요. 일본 농민이 버섯과 배지를 들고 있는 사진이 실린 일본 신문을 보면서 대략적인 양과 크기를 추정했을 정도니까요. 각종 자료를 구해서 읽고 농촌진흥청의 도움을 받아서 간신히 배합 비율을 알아낼 수 있었죠."

봉지재배법으로 버섯을 키우면 우선 생산과정을 표준화할 수 있어서 대량생산이 가능해진다. 그리고 다른 방식으로 키운 버섯보다 갓(버섯 머리 부분)이 크고 대(줄기 부분)가 굵고 짧은, 자연 상태에 가까운 버섯을 생산할 수 있게 된다.

○ 부자 농부 키워내는 게 꿈

새로운 재배법을 실용화하는 데 성공하고 버섯을 대량 재배하는 데 필요한 기계를 개발해 특허도 받았지만 농장이 거두는 수익이 당장 올라가지는 않았다. 이남주 대표가 봉지재배법으로 애써 가꾼 버섯에 대해

도매시장 상인들은 '버섯 모
양이 이상하다'며 낮은 가격
을 매겼다. 당시만 해도 유
통 과정에서 배송이 편하도
록 갓이 작고 대가 길고 가
는 버섯을 상인들이 선호했
었기 때문이다.

하지만 조금씩 이남주 대표가 키운 버섯을 찾는 사람들이 늘어나기 시작했다. 여러 우여곡절이 있었지만 그는 부농의 길에 접어들게 되었다. 최고농업기술명인으로 선정됐던 2013년에 이미 17억 원가량의 매출을 올릴 정도였다.

드디어 사업이 탄탄대로를 걷던 2015년, 이남주 대표는 커다란 결심을 한다. 그동안 버섯을 납품해오던 대형 마트, 생협과의 거래를 정리하기로 한 것이다. 버섯 농사에 문제가 생겨서 그랬던 것은 아니다. 새로운 도전을 위해서였다. 그는 2015년 이후부터는 버섯 재배 교육에 집중하고 있다.

농림축산식품부가 선정하는 농산업 현장실습교육장WPL으로 지정된 그의 농장에서는 매년 120여 명이 버섯 재배 교육을 받는다. 12일 내외 기간 동안 100시간의 교육을 이수하는 강도 높은 과정이다.

그동안 미국, 불가리아, 뉴질랜드, 아랍에미리트, 가나, 스리랑카 등 해외 여러 나라에서도 공무원들이나 농민들이 개인적으로 그를 찾아와 버섯 재배 기술을 배워 갔다.

"2015년부터는 마트에 납품을 안 하고 홈페이지와 현장 판매를 통해서만 버섯을 팔고 있습니다. 2017년 목표 매출이 5억 원이니까 몇 년 전과 비교하면 3분의 1도 안 되죠. 그래도 후회는 없습니다. 그동안 버섯 농사로 벌어둔 것도 있고요. 더 이상 현장에서 마트 납품을 두고 경쟁하기보다는 좀 더 의미 있는 일을 해보자고 생각해서 한 거니까요."

그의 농장에서 운영하는 교육 프로그램에서는 어떤 것을 배울 수 있을까?

"저희 농장은 농림축산식품부가 선정한 첫 번째 농산업 현장실습교육장이에요. 교육생들은 100시간 동안 버섯 종류별로 재배법에 대한 이론과 실습 교육을 받습니다. 평일에 교육을 받는 평일반이 있고, 금, 토, 일요일에만 교육을 듣는 주말반이 있어요. 한 기수당 여섯, 일곱 명 정도가 교육을 듣죠. 일반인 교육비는 150만 원 수준인데, 정부에서 70퍼센트를 보조해줍니다. 학생들은 교육 기간이 짧은 대신 교육비도 절반이에요."

이남주 대표에게 버섯 재배기술을 배워 농촌 정착에 성공한 여러 귀농인들은 이 대표를 '잊지 못할 은인'으로 부르고 있다. 그만큼 이 대표가 자신의 기술을 아낌없이 나눴기 때문이다. 그는 앞으로도 버섯 작물은 농민과 예비 귀농인들에게 좋은 수익을 안겨주는 효자 작물이 될 수 있다고 추천한다.

"100세 시대라고 할 정도로 사람들이 장수하는 시대가 됐잖아요? 점점 더 건강에 좋은 식재료에 대한 관심이 높아질 수밖에 없죠. 인구 증가로 식량 문제가 심각해지면 해외에서도 버섯에 대한 관심이 높아질 거고요. 외국에서도 이곳 여주까지 찾아와 어떻게 하면 버섯을 잘 키울 수 있을지 배워가고 있으니까요."

"젊은 시절 라디오 방송을 통해

버섯 재배에 대해 우연히 알게 된 것이

지금의 나를 만든 것처럼

다른 사람들에게도 새로운 기회를 열어주고 싶었습니다."

_ '이남주 자연아래버섯' 이남주 대표

CHAPTER 4

○
○

기회의 땅으로 뜨는
팜 비즈니스

THE
RICH
FARMER

연 30만 개의 화분을 파는
꽃 명인

○
○

　　　　경기도 파주시 적성면 마지리에서 4,000평 규모의 화
훼 농장을 운영하는 채원병 은성농장 대표는 원예업계에서 '시클라멘
전도사'로 불린다. 28년째 화분용 꽃 시클라멘을 키우고 있는 그는 2000
년대 초반부터 꽃 재배 노하우를 후배 화훼 농부들에게 전수하고 있다.
매년 일본의 베테랑 농민과 원예 전문가를 초청해 재배기술을 함께 익
히는 시간도 갖는다. 10여 년 전에는 그동안 익힌 재배 노하우를 정리
한 책을 다른 농민들과 함께 펴내 전국 화훼 농가에 나눠주기도 했다.
그는 살아오면서 몇 번이나 자빠졌던 사람이다. 그래서 후배 농부들은
좋은 길만 갔으면 좋겠다는 생각에 기술 나눔을 시작했다고 한다.

　파주시 탄현면 문지리가 고향인 그는 1970년부터 50년 가까이 파주에
서 농사를 지어왔다. 지금은 유리온실에서 시클라멘과 캄파눌라, 운간
초, 보르니아 등 화분용 꽃을 키워 연간 3억 원대의 매출을 올린다. 화훼

농사를 짓기 전에는 토마토, 오이 등 채소와 쌀농사를 지었다. 20여 년간 젖소도 키워봤다. 군 생활 기간을 제외하면 고등학교를 졸업한 이후 잠시도 농사를 쉬어본 적이 없다.

○ 참 고마웠던 송아지 두 마리

원래부터 그가 농사를 지으려 했던 건 아니다. 1970년 고교를 졸업한 채원병 대표는 공장에 취직하려고 했다. 공장에서 기술을 배운 뒤 독립해 자신만의 공장을 차리는 게 꿈이었다. 5남매의 장남이던 그에게는 부양해야 할 가족이 있었다. 할머니와 어머니 두 분이 떠맡고 있던 농사일을 도와야만 했다.

처음에는 벼농사로 시작했다. 하지만 60킬로그램 포대 70가마 남짓을 수확하는 크지 않은 논에만 기대서는 가족을 돌볼 수가 없었다. 다른 방법을 찾아야 했다. 1972년 어느 날 그는 손수레에 이제 막 젖을 뗀 젖소 송아지 두 마리를 싣고 마을로 들어선다. 농협에서 빌린 영농자금 10만 원에 여기저기서 끌어모은 3만 원을 보태 서울 면목동 우시장에서 사온 송아지였다.

"대출에 필요한 추천서를 받기 위해 마을 영농회장을 찾아갔었는데, 군대도 안 다녀온 녀석이라고 콧방귀를 뀌더군요. 1주일 넘게 매일 새벽 5시에 영농회장 집을 찾아가 졸라댄 덕분에 간신히 추천서를 받아 대출을 얻을 수 있었습니다."

그때를 떠올리면 지금도 가슴 한편이 아려오는 듯하다.

송아지 두 마리는 채원병 대표가 자리를 잡는 데 큰 도움이 됐다. 그가 군 생활을 하는 동안에도 동생들은 젖소에서 짜낸 우유를 납품해 학비를 마련하고 생활을 꾸려나갈 수 있었다. 그의 말대로 '참 고마운 송아지들'이었다. 군에서 제대한 그는 차츰 농장 규모를 늘려나간다. 1979년 외국에서 들여온 젖소 10마리를 분양받은 것을 시작으로 1980년대 말 젖소를 30마리까지 늘렸다.

○ 새로운 도전, 시클라멘

1990년 그는 새로운 결심을 한다. 낙농업을 접고 화훼 재배에 새롭게 뛰어들었다. 500평 남짓한 축사로는 사업을 늘리는 데 한계가 있었다. '크지 않은 땅에서 높은 소득을 올릴 수 있는 작물이 뭘까?'를 고민한 끝에 화훼를 선택했다. 화훼 농가들이 모여 있던 인근 고양시 일대가 대규모로 개발되면서 화훼 농가들이 파주시로 옮겨가기 시작한 것도 그의 결정에 영향을 미쳤다.

주 재배작물로 시클라멘을 골랐다. 하트 모양의 꽃잎이 나는 독특한 외향에다 건조한 실내 환경에서도 잘 견디는 특성 덕분에 당시 조금씩 인기를 끌기 시작한 꽃이다.

채원병 대표는 화훼 재배에 뛰어든 지 20년 만인 2010년 농촌진흥청이 선정하는 '대한민국 최고농업기술명인' 화훼 분야 명인으로 선정된다. 최고농업기술명인은 매년 식량, 채소, 과수, 화훼·특작, 축산 분야별로 각각 1명씩의 대표 농부를 선발하는 제도다.

그는 자신이 화훼 명인으로 선정될 수 있었던 주요 이유 중 하나로 20년 넘게 일본 농민들과 교류하면서 그들의 재배 노하우를 습득한 것을 꼽았다. 1991년 '선진농업 시찰 연구프로그램'에 참여해 일본 치바현 사쿠라시에 있는 화훼 단지를 방문한 그는 그때 만났던 일본 농민들과 지금까지 친구로 지내고 있다. 많을 때는 1년에 다섯 차례, 적어도 한 번은 일본을 찾았다.

"1991년 일본에 갔을 때 이다카 하루미치라는 친구의 집에 묵었는데, 저를 정말 잘 대해줬어요. 그게 고마워서 떠나기 전에 편지를 써서 통역에게 읽어 달라고 했죠. 그 친구 부부가 그 부분에 감동했던 것 같아요. 한국에 돌아와서는 그 친구 애들한테 옷도 선물로 보냈고요. 그 친구랑 서로 격의 없이 집도 오가는 사이가 됐어요. 그때 많이 배웠죠. 시클라멘을 처음 키울 때 돼지 똥과 소똥을 비료로 줬는데, 꽃이 다 죽어버린 거예요. 그걸 그 친구한테 이야기했더니 돼지 똥을 비료로 주면 안 된다고 하더라고요. 그런 식으로 조금씩 배운 게 큰 도움이 됐어요."

○ 아낌없이 꽃 재배 노하우를 전수

일본 농민들에게 배운 노하우와 채원병 대표의 연구개발 노력 덕분에 농장은 빠르게 자리를 잡는다. 2000년대 초반 그가 키운 시클라멘 화분은 개당 4,000원가량에 서울 양재동 화훼 시장에서 낙찰됐다. 다른 농가의 낙찰가가 1,500원 내외였다. 2000년에는 일본에 처음으로 시클라멘 1,700본을 수출했다.

"제가 명인으로 뽑힐 수 있었던 건

다른 사람들과 제 경험을 있는 그대로

나누려고 노력했기 때문인 거 같아요.

더 많은 사람들이 자기 경험과 노하우를 공유했으면 좋겠어요."

_ 은성농장 채원병 대표

앞선 재배기술로 다른 농
가들보다 높은 수익을 거
두던 2000년경 그는 또다
시 새로운 결심을 한다. 자
신의 재배기술을 다른 농가
들에 무료로 전수하기로 마

음먹은 것이다. '경기도 시클라멘 연구회'를 꾸린 뒤 회장을 맡아 재배
노하우를 제공하기 시작한다. 평소 알고 지내던 일본 화훼 전문가를 매
년 두 차례 초청해 농민들에게 재배기술을 교육하는 자리를 만들었다.
2005년에는 연구회의 연구 성과와 현장 재배 경험을 담은《시클라멘 재
배 및 육종기술》이라는 책을 펴내기도 했다. 모두 3,000부를 찍어 전국
의 시클라멘 농가와 농업 기관에 전달했다.

"화훼 농가들이 잘되려면 전체 시장의 규모를 키우는 게 중요하다고
생각했어요. 저야 비싸게 받고 팔았지만 다른 농민들이 계속 1,500원짜
리 시클라멘을 내놓으면 언젠가 제 꽃값도 내려갈 수밖에 없잖아요. 다
른 농민들이 키우는 꽃의 품질을 높여서 다른 농민들도 4,500원을 받고
팔 수 있게 하는 게 화훼업계에 도움이 된다고 생각했어요."

채원병 대표는 2002년부터 딸 희영 씨와 함께 농장을 운영하고 있다.
부모님이 일궈온 가업을 물려받기 위해 한국농수산대학 화훼과에 진학
한 희영 씨는 졸업 이후 줄곧 농장에서 일하며 아버지를 도왔다. 지금은
자녀 양육을 위해 잠시 농장 일을 쉬고 있지만 가업을 물려받을 자식이
있어 채원병 대표는 든든하다고 했다.

"농사로 돈 많이 번 사람들 정말 많아요. 그런데 자신의 성공 비결, 실

패 극복 과정을 상세히 알려주는 경우는 많지 않은 것 같아요. 특히 실패 극복기의 경우 더 그래요. 제가 명인으로 뽑힐 수 있었던 건 다른 사람들과 제 경험을 있는 그대로 나누려고 노력했기 때문인 거 같아요. 더 많은 사람들이 자기 경험과 노하우를 공유했으면 좋겠어요."

소유의 기쁨을 넘어 나누는 즐거움까지 터득한 그는 진정한 농심(農心)을 가진 농부처럼 보였다.

상위 1퍼센트 돼지 농장,
파란색과 하얀색 장화 원칙

○
○

어미돼지 한 마리는 1년에 몇 마리의 새끼돼지를 낳아 출하시킬까? 정답은 없다. 나라마다 다 다르다. 한돈협회와 한국농촌경제연구원에 따르면 돼지고기 선진국으로 꼽히는 덴마크의 어미돼지는 1년에 29.2마리의 새끼돼지를 낳아 시장에 내놓는다. 하지만 한국에서는 어미돼지 한 마리당 평균 18마리만이 시장에 나온다.

이유가 뭘까? 우리나라의 돼지고기 생산성은 왜 이렇게 낮을까? 이 궁금증은 경기도 평택시 팽성읍에 가면 금방 풀린다. 여기는 한국에서 상위 1퍼센트의 생산성을 자랑하는 경북종돈이 있는 곳이다. 경북종돈은 750마리 규모의 어미돼지를 키우는 농장이다.

이 회사의 생산성은 선진국 수준이다. 경북종돈은 1년에 어미돼지 한 마리당 27마리의 새끼돼지를 시장에 판다. 우수한 돼지는 다른 농장의 어미돼지가 되는 '종돈'으로 팔고, 나머지는 고기로 출하된다. 덴마크를 비롯해 네덜란드(28.1마리)와 독일(27.2마리) 등 양돈 선진국의 평균치에 육박하는 숫자다.

이 회사의 비결을 탐구하면, 다른 농가들이 왜 높은 생산성을 달성하지 못하는지를 알 수 있다. 2세 한돈인인 이정수 경북종돈 관리부장에게 비결을 물었다.

"비결을 이야기하면 그게 무슨 비결이냐고 할 것 같고, 비결이 없다고 하면 거짓말이라고 할 것 같아 곤란하네요."

그는 멋쩍게 웃으며 이렇게 말했다.

○ 기본을 철저히 지킨다

그러더니 비결이라며 알려준 게 다소 엉뚱했다.

"높은 생산성의 비결은 '장화'입니다. 저희 농장에는 파란색 장화와 하얀색 장화가 있어요. 농장 밖에서는 파란색을, 안에선 하얀색을 신습니다. 그리고 절대 섞이는 일이 없도록 관리하죠. 아, 장갑도 돼지를 만질 때만 끼는 장갑이 따로 있습니다."

철저한 위생 관리가 생명인 이런 곳에서 그거야말로 너무 당연한 것 아닌가?

"그것 보세요. 제가 그게 무슨 비결이냐고 하실 거라고 했죠? 그런데 이런 기본적인 것을 지키지 않는 곳들이 아직도 꽤 많이 남아 있어요."

이정수 부장은 생산성을 높이기 위해서는 질병이 없는 게 가장 중요하다고 했다. 한국은 돼지에게 치명적인 질병이 많이 발생하는 편이다.

2016년에만 대표적인 돼지 소모성 질병인 돼지유행성설사병(PED)과 돼지생식기호흡기증후군PRRS이 각각 82건, 40건 발병했다. 그에 따르면 경북종돈의 경우 초기에는 한 달에 10마리 이상의 돼지가 죽었지만, 위생 관리를 철저히 한 이후 요즘은 폐사하는 돼지 수가 3마리 이하라고 알려주었다.

그는 교과서를 읽듯 항상 기본을 강조한다. 하지만 비결이 그것뿐일까? 그의 사무실 한쪽에는 지금은 사용하지 않는 오래된 플로피디스켓이 쌓여 있었다. 이것은 무엇에 사용되는 물건일까?

"1996년부터 모든 데이터를 전산화하기 시작했어요. 프로그램을 만들고, 돼지와 관련된 모든 정보를 저장했죠. 플로피디스켓은 아버지께서 한창 일하던 시절에 쌓아놓은 것이에요. 지금은 새로운 전산 입력 방식을 도입했지만 가끔 과거의 데이터를 볼 필요도 있습니다. 디스켓에 있는 내용을 보기 위해 아직 윈도우 98을 깔아놓은 컴퓨터도 있답니다."

경북종돈은 돼지의 출생일부터 출하되기까지의 세세한 데이터를 모두 저장한다. 이정수 부장과 아버지인 이희득 사장은 입력된 데이터를 바탕으로 사료 효율을 높이는 법과 교배 방법 등을 연구했다.

"데이터를 분석해 한 번에 열 마리 이하의 새끼돼지를 낳는 어미돼지를 도축합니다. 과감한 도태를 통해 '정예 어미돼지'를 육성하는 것이 생산성을 높이는 핵심 요인입니다."

이정수 부장의 원칙은 명확했다.

©한돈자조금

"1990년대 말 서울대에서 'PIG-PLAN'이라는 프로그램이 개발되면서 많은 농가들이 전산화에 나섰습니다. 그렇지만 우리처럼 꾸준히 아주 세세한 정보까지 모두 담고 있는 곳은 많지 않을 겁니다. 그 결과 누적된 데이터가 돼지를 키우는 노하우로 돌아오고 있습니다."

○ 40년 경력의 아버지 뒤를 잇는 한돈인

경북종돈이 설립된 건 1975년이다. 이정수 부장의 아버지인 이희득 사장은 당시 인천에서 운송업을 하고 있었다. 돼지도 그가 운송하는 상품 중 하나였다. 어느 날 문득 그에게 이런 생각이 들었다.

'돼지를 나르기만 해도 돈이 되는데, 직접 키우면 얼마나 많이 벌 수 있을까?'

그는 미군기지가 있던 의정부에서 새끼돼지 350마리 규모로 양돈업에 뛰어들었다.

10년간은 다른 농장에서 어미돼지를 분양받는 식으로 운영했다. 그런데 마음에 드는 어미돼지가 없었다. 그래서 직접 우수한 어미돼지를 키워보겠다는 생각을 했다. 평택에 자리를 잡은 것도 이 무렵이다. 이희득 사장은 고향인 경북 의성의 기운을 받고자 회사 이름을 경북종돈으로 지었다고 한다.

이정수 부장은 어렸을 때부터 축사에서 일했다. 그는 당연히 아버지를 도와 돼지와 관련된 일을 해야겠다고 생각했다고 한다. 수의사와 돼지를 키우는 일 중에 잠시 고민했지만 결국 축산인의 길을 택했다.

부자는 협력보다는 갈등이 많았다. 아버지가 쌓아놓은 견고한 노하우에 아들의 새로운 방식은 파고들지 못했다. 백신 접종 문제가 대표적이었다. 아버지는 백신을 신뢰했지만 아들은 백신을 접종하지 않고 환경관리를 최대한 해보자고 주장했다. 아버지가 아들의 말을 들어주기까지 9년이 걸렸다.

"이후에는 아버지가 외부 활동에 집중하시고 농장일은 대부분 제게 맡기셨어요. 피와 살로 부대끼며 노하우를 쌓은 1세가 외부의 지식을 다양하게 습득한 2세와 갈등을 겪는 경우가 많은데, 이는 한쪽의 주장을 강하게 내세우기보다는 이해와 설득으로 풀어야 할 문제라고 생각합니다."

그 뒤 농장은 현대적으로 바뀌었다. 2012년에는 네덜란드식 환기 시스템을 도입했다. 여름철 온도를 낮추기 위해 바람을 일으키는 대신 동굴처럼 지하의 서늘한 기운이 올라오는 식으로 축사를 꾸렸다.

경북종돈 돼지농장은 효율성을 중시하는 양산형 농장이다. 이정수 부장은 요즘 화제가 되고 있는 동물복지형 농장에 대해 어떻게 생각하고 있을까?

"돼지를 발 디딜 틈도 없이 몰아넣는 '밀집사육'에는 분명히 반대합니다. 돼지들의 스트레스를 줄여야 한다는 것에도 공감하고요. 저희는 대형 축사에 돼지를 몰아넣기보다는 소규모 축사를 여러 동 지어서 위생관리를 철저히 해주고 있어요. 네덜란드식 환기 시스템을 도입한 것도 인공적인 바람을 일으켜 환기하는 것이 돼지들에게 스트레스가 된다는 연구 결과를 봤기 때문이었습니다."

그러나 그는 방목형 농장만이 좋고, 나머지는 악(惡)이라는 이분법적인 시각은 위험하다고 덧붙였다. 넓은 초지에서 돼지들이 마음껏 뛰어

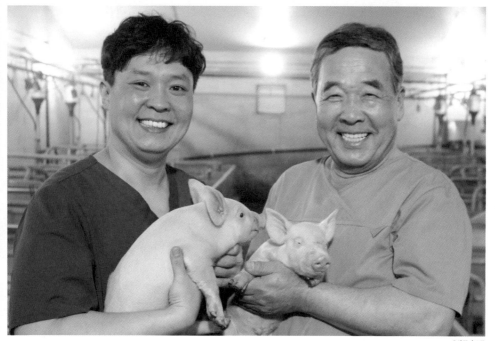

©한돈자조금

"높은 생산성의 비결은 '장화'입니다.

저희 농장에는 파란색 장화와 하얀색 장화가 있어요.

농장 밖에서는 파란색을, 안에선 하얀색을 신습니다."

_ 경북종돈 이희득 사장(오른쪽)과 이정수 부장(왼쪽)

놀 수 있는 환경을 만드는 것은 의미 있는 일이지만 그렇지 않은 농장이 문제라는 식의 접근은 위험하다는 것이다. 기존의 사육 방식을 개량해 돼지들의 스트레스를 줄이고, 소비자들이 좋아하는 고기를 효율적으로 생산하는 농가들도 나름의 사명감을 갖고 열심히 하고 있다는 것을 알아줘야 한다고 강조했다.

○ '횡성한우'처럼 '평택한돈'도 유명해지길

그는 국내 양돈 산업이 발전하기 위해서는 지역적인 브랜드화가 필요하다고 보고 있다. 어떤 양돈장에서 나온 고기인지 표시하고, 그에 따른 품질 차이가 알려지면 산업 규모가 더 커질 수 있다는 것이다.

"횡성에 가면 맛있는 한우를 먹을 수 있다는 건 많은 국민들이 알잖아요? 그런데 한돈은 그렇지가 않아요. '돼지고기는 다 돼지고기지'라고 생각하죠. 하지만 사육 방식과 유통 과정에 따라 돼지고기도 맛이 다르거든요. 지자체와 농가들이 협력해서 이런 점을 좀 널리 알렸으면 좋겠어요."

그의 소박한 꿈은 돼지농장이 혐오시설로 받아들여지는 현실을 극복하는 것이다.

"2016년에만 환기 시스템을 정비하는 데 10억 원을 썼습니다. 농장에서 밖으로 나갈 때 공기 정화를 시켜주는 에어워셔를 설치하고, 냄새를 줄이는 순환시스템도 설치했죠. 지역 주민들에게 불편을 주지 않기 위해서 저희도 노력하고 있습니다."

국어사전에서 '돼지우리'를 찾아보면 이런 설명이 등장한다.

'아주 더럽고 지저분한 곳을 비유적으로 이르는 말.'

하지만 경북종돈에서 자라나는 돼지들은 더 이상 이런 돼지우리에서 살지 않는다. 전국의 양돈농가들이 전부 경북종돈처럼 철저한 위생 관리와 과학적 방법으로 돼지를 키운다면 머지않아 국어사전이 개정될지도 모른다. 그때쯤 국어사전에서 '돼지우리'를 찾아보면 이런 설명이 등장하지 않을까?

'예전에는 더럽고 지저분한 곳을 비유적으로 이르는 말로 쓰인 적도 있으나 요즘은 깨끗하고 청결한 장소를 가리킬 때 사용하는 말로 바뀜.'

한우 명인은 왜 한우 값이
떨어지길 바랄까?

○
○

라면부터 아파트에 이르기까지 자신이 만든 상품을 소비자에게 판매하는 생산자는 모두 최대한 높은 값에 상품을 팔고 싶어 한다. 그런데 30개월 동안 애지중지하며 키운 한우 값이 떨어져야 한다고 말하는 농민이 있다. 이제 막 축산업에 뛰어든 세상 물정 모르는 젊은이가 아니다. 1981년 일곱 마리의 소로 농장을 시작한 뒤 37년간 소를 키워온 베테랑 농부다. 2011년 농촌진흥청이 선정하는 최고농업기술명인 한우 명인으로 뽑히며 한국에서 소를 제일 잘 키우는 농민으로 인정받기도 했다.

그가 바로 대전광역시 유성구 금고동에서 석청농장을 운영하는 백석환 대표다. 농장은 경부고속도로 신탄진 나들목에서 10여 킬로미터쯤 떨어진 곳에 있다. 2000년대까지만 해도 여러 축산농가에서 소를 키우던 마을이었다. 하지만 인근 충남 연기군 일대에 세종시가 개발되면서 모두 흩어지고 이젠 백석환 대표만 남았다.

"한우농장도 얼마든지 깨끗하고 예쁠 수 있다는 걸 보여주고 싶어서 따로 돈을 들여 편백나무와 장미나무를 심었습니다. 멀리서 보면 농장처럼 보이지 않으니까 그냥 지나치는 손님들도 꽤 있습니다."

○ 수익성이 다른 한우농가의 두 배

석청농장은 100여 마리의 한우를 기르고 있다. 전업 한우농가 중에선 중간 정도 규모다. 백석환 대표가 한우 사육과 벼농사 등을 통해 1년 동안 올리는 매출은 2억~2억 5,000만 원가량이다. 매출 자체는 비슷한 규모의 다른 한우농가와 비교해 큰 차이가 나지 않는다. 하지만 실제 손에 들어오는 수익을 따져보면 이야기가 달라진다.

"보통 소 200마리 정도를 키우는 한우농가와 비슷한 수익이 납니다."

수익성이 다른 한우농가의 두 배란 말이다. 그 비결이 뭘까?

그가 농장을 시작한 건 스물두 살이던 1981년이었다. 영농후계자로 선정되면서 지원받은 350만 원으로 소 일곱 마리를 사들여 농장을 차렸다. 그때 영농후계자로 뽑히면서 농촌진흥청에서 들었던 교육이 자신의 인생을 바꾸는 계기가 됐다고 했다.

"강사님이 영농후계자들한테 이렇게 물어보시더라고요. '지금 이 자리에 온 게 돈 받으려면 교육 들어야 된다 해서 온 거냐, 아니면 자신의 꿈을 이루기 위해서 온 거냐?'고요. 꿈이 있어 교육 받으러 왔다고 손드는 사람은 아무도 없더라고요. 그랬더니 강사님이 '무엇을 하겠다는 확실한 목표가 없다면 결국 하찮은 사람에 불과하다'고 말씀하시더라고요. 지금은 별 다른 표현이 아닌데, 그땐 그 말이 그렇게 크게 들렸어요. 이왕 여기까지 온 김에 제대로 한번 농업을 해보자는 마음을 먹게 됐죠."

목표가 생기자 삶을 대하는 태도도 달라졌다고 그는 강조했다. 강연 이후 이어진 축산과학원에서의 2주간의 실습 교육은 그가 오늘날 한우 명인으로 불리게 되는 첫걸음이었다는 것이다. 당시 실습 교육은 기르던 소가 가벼운 질병에 걸렸을 때 농부들이 외부의 도움 없이 스스로 소를 치료할 수 있도록 하는 내용으로 채워져 있었다. 증상을 보고 소가 어떤 질병에 걸렸는지 파악한 뒤 질병을 치료할 수 있는 근육주사, 피하주사, 혈관주사를 직접 주사할 수 있는 내용들이었다.

"2주 동안 정말 죽기 살기로 교육을 들었어요. 다른 사람들이 한 번씩 주사 놔보고 끝낼 때 저는 세 번이고 네 번이고 제대로 놓을 때까지 계속했어요. 그때 같이 교육을 받았던 스물여덟 명 중에 교육 마칠 때 제대로 혈관을 찾아서 주사 놓은 사람은 저밖에 없었죠."

노력의 결과가 돌아오기까지는 그리 오랜 시간이 걸리지 않았다. 소의 가벼운 질병 정도는 스스로 치료할 수 있게 되자 새로운 시장이 보였다. 우시장에 나온 병든 소를 싼값에 사다가 병을 고친 뒤 잘 키워 높은 값에 팔 수 있었다. 그는 큰 병에 걸린 줄 알고 우시장에 3분의 1가격으로 나온 소도 사람으로 치면 그저 감기에 걸린 정도인 경우도 많았다고 했다. 그는 다른 농민들보다 빠른 속도로 농장을 키워갈 수 있었다.

○ 사료비 절감 비결

석청농장에는 종갓집 김장을 저장할 만한 크기의 고무통 20여 개가 세 겹의 비닐로 꽁꽁 싸매진 채 곳곳에 늘어서 있었다. 농장 구석은 사람 키를 훌쩍 넘는 사료 배합기가 차지하고 있었다.

이것이 백석환 대표가 다른 한우농가보다 두 배가량 높은 수익률을 올릴 수 있게 해주는 비밀 무기다. 그는 100여 마리의 소에게 직접 만든 사료를 먹인다. 쌀겨, 비지, 깻묵, 옥수수, 소금, 물 등 농촌에서 쉽게 구할 수 있는 부산물을 말린 풀과 섞어 발효시켜 만드는 섬유질배합Total Mixed Ratiom, TMR 사료다. 여러 재료를 무작정 섞기만 해서는 영양분을 골고루 갖춘 사료를 만들 수 없다. 각 원료가 갖고 있는 영양소를 파악한 뒤 영양분의 균형을 맞출 수 있는 비율에 따라 배합해야 한다. 백석환 대표는 농촌진흥청이 한우농가를 위해 개발한 '한우 사양표준' 프로그램을 이용해 배합비율을 정한다.

마른 풀은 이탈리안 라이그라스와 영양보리 등 조사료(가축의 먹이가 되는 풀)를 농장 인근 밭에서 직접 기르고, 대전천 둔치 등에 난 잔디를 지자체의 허가를 받고 수확해 마련한다.

손수 구한 원료로 직접 사료를 만들어 먹이기 때문에 백석환 대표는 소를 키우는 데 드는 사료비 부담을 크게 줄일 수 있다. 그가 한우 수소 한 마리를 30개월 동안 키워 시장에 내보낼 때까지 들이는 사료비는 190여만 원가량이다. 사료 회사에서 만든 사료를 사다가 소에게 먹일 때는 같은 기간 동안 사료비로 350만 원 내외가 든다. 소의 성장 단계에 따라 맞춤형 사료를 먹이기 때문에 육질도 좋다는 평가를 받는다. 석청농

"이왕 여기까지 온 김에

제대로 한번 농업을 해보자는 마음을 먹게 됐죠."

_ 석청농장 백석환 대표

장에서 나온 소고기의 대략 60퍼센트는 육질 등급 최고 기준인 1++ 등급을 받고, 90퍼센트가량이 1+ 등급 이상을 받는다고 한다. 그가 같은 규모의 다른 한우농가들보다 두 배 가까운 수익을 거둘 수 있는 비결이다.

"직접 사료를 만들어야겠다고 생각한 건 1997년 외환위기 때부터였어요. 앞으로 소 값은 더 떨어지고 사료 값은 더 오를 거 같아 그냥 있어선 안 된다고 생각했죠. 처음에는 무턱대고 주변에서 구할 수 있는 재료를 갖다가 섞어서 먹였어요. 사람도 먹는 건데 당연히 소도 먹을 수 있다고 생각했죠. 그러다 보니 실수도 많았어요. 비타민A가 부족해서 송아지들이 눈이 먼 채로 태어나기도 했죠. 필요도 없는 영양소를 비싼 돈 주고 사다 먹인 적도 있었고요. 농협에서 나온 박사 두 분이 저희 사료에 대해 컨설팅을 해주기도 했고, 주변의 도움을 받은 덕분에 이제는 가장 좋은 비율로 소에게 먹일 사료를 만들 수 있게 됐어요."

○ 한우 값이 너무 비싸다

약 40년간 한우 사육 한 우물만 파온 백석환 대표는 몇 년 전부터 걱정거리가 생겼다. 농민이 도축장에 소를 넘기고 받는 산지 소 값과 상관없이 항상 오르기만 하는 식당 한우 고기 가격 때문이다. 한우 1인분 200그램에 5만~6만 원이 훌쩍 넘는 식당들이 늘어나는 걸 보면 앞으로 한우가 소비자들에게 외면 받지 않을까 걱정이 된다. 상대적으로 값싼 외국산 소고기 수입은 점점 늘어나는데, 한우 가격이 오르기만 하면 미국과 호주산 소고기를 찾는 소비자들이 늘어날 수밖에 없다는 게 그의 생각이다.

"산지에서는 소 값이 폭락해도 식당에서 팔리는 소고기 가격은 절대 안 내려가요. 사실 지금 한우 가격이 비싸긴 비싸죠. 가족끼리 식당에 가서 한우로 배부르게 먹으면 몇 십만 원은 나올 걸요. 너무 비싸요. 이대로 가다간 농민, 유통 업체, 식당 모두 다 힘들어져요. 산지소 가격이 떨어지면 식당이나 마트 판매 가격도 떨어지는 가격연동제도 필요해요. 식당에서 한우 1.5인분을 3만 5,000원 정도에 먹을 수 있으면 적당한 거 같아요. 수입 소고기보다 약간만 더 비싼 수준으로요."

백석환 대표 역시 소비자들이 사 먹는 한우 가격을 낮추기 위해서는 산지 소 값도 일정 부분 낮아져야 한다는 걸 인정한다. 한우농가가 버는 수익은 그대로 유지하면서 산지 출하 가격을 낮추기 위해서는 한우 사육에 드는 비용을 줄이는 방법밖에 없다. 그가 자신의 사료 제조 노하우를 다른 농민들에게 교육하는 이유다. 그는 2006년 즈음부터 시작해 10년 넘게 농업 관련 공공기관, 농업인 단체 등이 주관하는 교육 프로그램에 강사로 나서면서 자신의 노하우를 동료 농민들에게 전수하고 있다.

"제가 원래 입천장과 목젖이 없이 태어났어요. 여섯 번 수술해서 지금처럼 발음할 수 있게 된 거예요. 마지막 수술은 마흔 살이 넘어서 받았죠. 가족하고 지인들은 제 말을 다 알아듣고 해서, 또 수술 받는 것도 너무 힘들어서 원래는 안 하려고 했어요. 그런데 병원 원장님이 그러시더라고요. '당신이 쌓은 기술을 다른 농민들한테도 알려야 하는 거 아니냐?'고. 그 말을 듣고 수술 받았죠. 처음 강연을 120명 앞에서 했는데, 시작할 때 절을 하고 시작했어요. 부족하고 발음도 안 좋은 사람인데, 여러분 앞에서 강연하게 됐다고. 그래도 이 정도 말하려고 몇 번이나 수술 받은 거니 잘 들어주셨으면 좋겠다고 말이죠. 한 분도 졸지 않고 잘 들으시더라고요. 앞으로도 계속해야죠. 저 혼자 잘 먹고 잘살려고 사는 게 아니잖아요."

쥐눈이콩 하나로
정선 마을을 먹여 살린 비결

○

○

영농조합법인 '동트는 농가'는 강원도 정선군 42번 국도변에 있다. 고갯길을 굽이굽이 넘다 보면 정선읍에 낮은 건물 몇 채가 모여 있는 곳이 나온다. 이 건물 안쪽으로 들어서야 농가의 진짜 풍경이 눈에 들어온다. 뒤쪽으로 산이 감싼 넓은 마당에 1,200여 개의 장독이 그림처럼 늘어서 있다. 이 동네 쥐눈이콩(약콩)으로 담은 재래식 된장과 간장, 고추장이 그 안에 들어 있다.

1985년 정선 농협에 근무하던 청년은 우연히 한 노인으로부터 쥐눈이콩이 몸에 좋다는 이야기를 들었다. 청년은 콩 두 되 반을 구해 지역 농민들에게 재배를 권했다. 고랭지 농가들과 함께 시작한 조합은 32년 뒤 연 40억 원의 매출을 올리는 회사가 됐다. 그 청년이 최동완 동트는 농가 대표다.

"저희 장독이 1,200개 정도 됩니다. 많을 때는 항아리를 1,700개까지

했는데, 지금은 깨진 것도 있어서 그 정도 될 거예요. 여기가 산지라 서 늘하고 물이 좋으니까 장들이 아주 맛있게 발효됩니다. 우리 장은 약콩 과 백태(메주를 만드는 데 쓰는 노란콩)를 섞어서 만들어요. 다 여기 정선 고랭 지 지역 농가들 콩으로 하는 겁니다."

동트는 농가는 간장, 된장, 고추장 같은 장류와 이 장으로 끓인 된장 찌개, 콩탕, 청국장 등 간편식을 판다. 정선 고랭지 지역에서 농사를 짓 는 농가 100여 곳이 구성원이다. 조합원들이 직접 농사지은 콩과 고추를 재료로 옛날 방식으로 장을 담근다. 최동완 대표는 농가가 생산한 콩을 모아 가공, 상품화하는 과정을 총괄한다.

○ 쥐눈이콩과의 우연한 만남

"조합원이 농가 102곳입니다. 거의 30년 전부터 쭉 같이하던 농가들이 지요. 그사이에 돌아가신 분들이나 나이 들어서 농사 못 짓게 되신 분 들이 빠져서 수는 조금 줄었어요. 우리는 100퍼센트 계약재배 시스템 이에요. 직접 농사지은 콩으로 장 담고, 이 장으로 찌개 상품 만들어서 팔고…. 그렇게 하니까 우리 농가들은 고생한 만큼 콩 값을 받을 수 있 지요."

정선 토박이인 그는 젊은 시절 농민을 만날 때마다 가슴이 아팠다고 한다. 농사일이 힘든 산악지대에서 농민들은 매일같이 고되게 일했지만 벌이는 그에 한참 못 미쳤다. 1년에 300만 원의 소득도 못 올리는 농가 도 많았다. 젊은 그는 그게 답답했다.

'이렇게 열심히 일하는데, 왜 농민들은 이토록 가난한 걸까?'

그러던 중 우연히 쥐눈이콩을 알게 됐다.

"1985년이었던 것 같아요. 그때는 쥐눈이콩이라고도 안 했어요. 그냥 약콩이라고 했죠. 아무튼 그렇게 잘 알려져 있지 않은 때예요. 우연히 만난 여든이 넘은 노인이 그 콩을 조금 가지고 있더라고요. 그분이 하시는 말씀이 이게 너무 좋은 콩인데, 자기는 힘들어서 농사를 더 못 짓겠다는 거예요. 옛 문헌을 찾아보니 쥐눈이콩에 효능이 참 많더라고요. 그 노인으로부터 콩 두되 반을 얻어온 게 시작이었습니다."

정선 농협에서 수매 업무를 했던 최동완 대표는 그 콩을 몇몇 농민에게 나눠주며 농사를 권했다. 3년이 지나자 콩 두 되 반이 1,000가마로 불어났다. 쥐눈이콩의 효능을 잘 알려서 팔면 뭔가 일이 되겠다 싶었다.

"그때 여기 농촌은 정말 다 못 살았거든요. 전 여기서 자라서 농협에서 일했으니까 그걸 잘 알고, 왜 농민들은 다 이렇게 못 살아야 하나 오래 생각했지요. 쥐눈이콩은 어디서도 못 구하는 콩이니까 이걸로 제대로 값을 받아보자고 했어요. 농촌이 꼭 못 살아야 한다는 건 아니라는 걸 보여주고 싶었던 것 같아요."

당시는 농협에서 농민들의 생산물을 다 사주고 그럴 때가 아니다. 최동완 대표가 농협에서 일할 때 정선군 남면에서 농사짓는 사람이 무를 파는데, 한 차에 고작 25만 원을 받으려 했다. 그래서 그가 30만 원 줄 테니 자신에게 팔라고 나섰다. 그랬더니 중간상이 갑자기 40만 원을 부르더라는 것이다. 그는 다시 한 번 45만 원을 주겠다고 했다. 그러다가 결국 중간상이 50만 원에 무 한 차를 사갔다. 문제는 그다음이었다. 농민에게 무 한 차를 50만 원에 사간 중간상은 그걸 600만 원에 팔아넘기더라는 것이다. 죽어라 농사지은 농민은 쥐꼬리만큼 받고, 땀 한 방울 안 흘린 중간상만 잔뜩 이득을 보는 게 농촌의 현실이었다.

"농산물 값이라는 게 그래요. 상황에 따라 오르내림이 너무 심하잖아요. 예를 들면 같은 날 도매시장에 배추 차가 50대 들어왔다고 쳐요. 첫차는 50만 원 받았는데, 나중에 배추가 모자란다 싶으면 마지막 차는 120만 원이 돼요. 그래서 줄 서는 것도 눈치 싸움이에요. 오늘 배추 들어오는 게 많다고 하면 무조건 처음에 밀어넣고, 적다고 하면 맨 마지막에 서는 거지요."

○ 직접 만든 장을 이용한 다양한 사업들

최동완 대표는 쥐눈이콩을 시중 콩 값의 두 배에 사들이겠다고 약속하고 재배 농가를 모집했다. 계약재배 방식으로 꾸준히 콩을 사들이고 여기에 부가가치를 더해 파는 구조를 만드는 게 목표였다.

"농가로부터 콩을 사주려면 비싸게 사줘야 하잖아요. 비싸게 사주려면 그냥 콩으로 팔면 안 됐어요. 그러다 보니 가공을 해야 했고, 콩으로 할 수 있는 가공업을 알아보니 두유랑 장류가 있더라고요. 그런데 두유를 하려면 시설비만 25억 원이 든답디다. 그건 도저히 못 하겠더라고요. 장독 값만 들어서 간장부터 시작했어요. 그다음에 차근차근 된장, 고추장, 청국장을 담갔죠. 콩으로 할 수 있는 건 다 했지요."

처음부터 장맛을 내기가 쉽지는 않았다. 분명히 좋은 원료만 가지고 정직하게 만들었는데, 사람들은 맛이 없다고 했다. 주변에 장이 맛있다고 소문난 농가들을 찾아다니며 노하우를 배웠다. 배합 과정을 찾는 데만 몇 년이 걸렸다.

"옛날 시골에선 다 짜게 담았어요. 그런데 또 요즘 입맛은 그게 아니잖아요? 또 이게 발효시키는 환경에 따라 맛이 천지 차이가 나요. 그만큼 예민해요. 열을 제대로 차단하지 않으면 장이 다 타요. 맛이 없어져요. 시행착오를 거치면서 옛 장을 새로운 장과 섞으면서 나아지고, 몇 년에 걸쳐 연구하면서 지금까지 온 거지요."

그렇게 만든 장으로 식당을 열었다. 된장찌개와 청국장이 주력이었다. 인천에서 동해까지 이어지는 42번 국도변에 있는 이 식당을 한 해 5만 명이 찾았다. 식사를 하고 된장을 더 사가거나 택배 주문하는 사람이 늘어났다. 그렇게 모은 택배 고객이 4,000명이나 됐다.

"농가에서 직접 키운 좋은 콩으로 장을 담갔다고 하니까 사람들이 좋아했어요. 식당 안뜰의 장독대를 보니까 더 믿음도 가고요. 또 찌개 같은 것은 시골 어머니들이 다 노하우가 있잖아요. 그래서 우리는 사실 초기 판로는 다른 사람들보다 고민을 덜 했던 것 같아요. 일단 식당에 손님이 굉장히 많았고, 먹고 난 다음엔 더 사갔으니까."

2013년 동트는 농가는 새로운 도전을 했다. 식당에서 팔던 된장찌개, 콩탕, 청국장을 가정 간편식으로 제품화한 것이다. 식당에서 팔던 레시피에 물만 더 부어 끓이면 집에서도 비슷한 맛이 나도록 구성했다. 인터넷 쇼핑몰과

홈쇼핑 등을 통해 입소문이 나면서 인기 몰이를 했다.

"사실 그때는 간편식이라는 개념도 제대로 모르고 했어요. 우리 된장찌개를 좀 더 편하게 팔아보자 해서 시작한 건데 나중에 보니까 그걸 간편식이라 하더라고요. 농가들 농작물 더 사주려면 기존 식당과 직거래 말고 새로운 상품을 개발해야 한다는 생각도 있었고요. 지금은 간편식 매출이 더 많습니다. 이젠 간편식 매출이 80퍼센트면 장류 매출이 20퍼센트예요. 역전이 된 거죠."

○ 잘사는 농촌을 만들기 위한 끝없는 노력

최동완 대표는 요즘 새로운 항아리 실험을 하고 있다. 나무로 만든 통에 장을 담아보려는 것이다. 시험용으로 해봤는데 아주 맛이 있었다고 한다. 예전에는 전통적인 항아리가 맛이 잘 들었지만 지금은 환경이 크게 달라졌다는 데서 착안한 것이다. 여름이면 섭씨 30도 넘게 올라가는 게 일상이 됐다. 항아리가 뜨거워지면 수분이 날아가서 장이 발효가 잘 안 된다. 맛 좋은 장을 만들기 점점 어려운 시대가 된 셈이다. 환경이 달라졌으면, 방식도 달라져야 한다는 게 그의 생각이다. 나무로 만든 통에서 발효된 장맛이 과연 어떨지 궁금하다.

그는 아직도 정선 농가의 농산물을 더 사오지 못하는 게 아쉽다고 했다. 콩은 조합 농가들과 계약재배하고 있지만 아직 무, 배추, 양파는 직접 키우지 못하고 있다는 것이다. 내년부터는 간편식에 들어가는 채소들의 계약재배를 늘릴 예정이라고 했다.

"쥐눈이콩은 어디서도 못 구하는 콩이니까

이걸로 제대로 값을 받아보자고 했어요.

농촌이 꼭 못 살아야 한다는 건

아니라는 걸 보여주고 싶었던 것 같아요."

_ 동트는 농가 최동완 대표

"그렇게 되면 가격을 조금 더 받아야죠. 결국 농가에 다 돌아가야 하는 부분이잖아요. 대신 직접 관리하면서 재배하면 상품 품질은 더 올라갈 거예요. 제 마음은 더 못 사주는 게 미안하죠. 이 동네에서 키우는 더덕과 산나물 상품도 생각 중이에요. 정선의 고들빼기, 달래 이런 작물들이 아주 좋거든요."

계약재배를 늘리면 농가 관리가 어려워지는 문제는 어떻게 해결해야 좋을까?

"제가 30년 동안 해온 게 그 일이지요. 저 집은 사주고, 이 집은 안 사주면 불만이 생기거든요. 그런데 우리는 품질이 담보가 돼야 하니까 요구해야 할 것들이 있고요. 지금은 이렇게 쉽게 말하지만 참 이러저러한 일이 많았지요. 순간순간 슬기롭게 이겨냈어야 했던 부분이에요. 농사짓는 분들이 다 자기 고집이 있거든요. 여럿이 가서 설득하고 부탁해도 안 될 때가 많아요. 농사일이라는 게 기존에 해왔던 방식을 확 바꾸는 게 힘들어요. 그래서 비료를 주지 말라고 하는데 몰래 주는 곳도 있고."

그럴 때 그는 우선 다 산 다음에 그 집에서 샀던 건 눈앞에서 폐기한다고 했다. 직접 보여주는 것이다. 그러면 소문이 난다. '아, 이렇게 하면 안 되는구나. 이런 건 맞춰줘야 하는구나.' 그렇게 하나씩 알아가는 게 농사다. 최동완 대표는 농민들에게 더 많이 양보하면서 최대한 많은 소득을 챙겨주려고 노력해왔다. 30년 신뢰는 그렇게 해서 켜켜이 쌓인 것이다.

어려운 질문이지만 농민들이 잘살려면 어떻게 해야 할까?

"콩을 100가마 생산한다고 치면 한 가마당 1만 원씩만 차이가 나도 농가 입장에서는 100만 원이거든요. 그렇게 제값을 받는 게 중요해요. 현실적으로 농민 입장에서는 스스로 뭘 더 하기가 힘든 것 같고요. 우리 동트는 농가 같은 곳들이 각 지역마다 하나씩만 있어도 좋을 텐데요."

그렇다면 동트는 농가 농민들은 잘살게 됐을까?

"계약재배를 하면 그대로 안정적인 판로가 생기는 거니까요. 또 우리는 농한기에도 쉬지 않고 일자리를 만들잖아요. 장을 직접 담그니까요. 올해는 이 동네 사람 60명이 와서 장을 함께 만들었어요. 농사 외에 부가소득이 생긴 거지요. 이 동네 사람들은 농부라고 해서 못 살지 않아요."

껍데기까지 예쁜 굴을
키우는 남자

○

○

　　　"왜 수산업은 꼭 더럽고 힘들다고 생각합니까? 미래형
수산은 깔끔합니다. 안 힘듭니다. 돈도 많이 벌 수 있고요."

　정재진 예담수산 대표는 확신에 차 있었다.

　"옛날에 양식한다고 하면 고생도 많이 하고 힘들었지요. 맞아요. 그런
데 언제까지 우리 수산이 3D(어렵고, 더럽고, 힘든) 업종이어야 합니까? 우
리 양식장에서는 사람들이 힘 안 써요. 힘쓸 일이 없어요. 그렇게 할 수
있도록 시설이며 장비를 다 해놨어요."

　정재진 대표는 한국의 수산업에서 미래를 보고 있다고 했다.

　"지금 양식장도 젊어지거든요. 수산도 젊어지고요. 저는 1차 산업이
앞으로 한국 경제를 이끌 거라고 봐요. 젊은이들도 이쪽에 비전을 보고
들어올 겁니다. 미래가 여기에 있어요. 두고 보라니까요."

○ 껍데기째 올리는 고급 굴

정재진 대표는 경상남도 통영시 앞바다에서 굴을 키우고 있는 어민이다. 굴 양식 규모는 30헥타르(약 9만 평) 정도다. 대부분은 인근의 다른 양식장 모습과 크게 다르지 않다.

하지만 이 중 일부 양식장(1헥타르, 약 3,000평)은 조금 특별하다. 딱딱하고 거친 껍데기를 깐 후에 팔리는 보통 굴과 달리, 따로 키워 껍데기 모양이 온전하게 남은 채로 출하되는 굴(개체굴)이 자라고 있다.

"해외에서는 굴을 껍데기째로 식탁에 올리는 경우가 많거든요. 신선도를 중요하게 생각합니다. 수출을 하려고 보면 껍데기 모양을 기준으로 까다롭게 따져요. 그런데 우리 굴은 맛은 참 좋지만 껍데기 모양이 그리 좋지가 않습니다."

굴은 어딘가에 붙어서 자라는 패류다. 자연산 굴은 바위에 잔뜩 붙어 있기 때문에 석화(돌꽃)라고 불린다. 남해안에서 굴을 양식할 때는 가리비 껍데기 같은 것들을 철사에 꿰어 바닷속에 넣어두고 굴이 붙어 자랄 수 있게 한다.

이렇게 키우면 많이 키울 수는 있지만 하나의 치패(어린 굴)가 여러 개씩 붙어 자라기 때문에 수확할 때 껍데기 모양이 예쁘게 남아 있는 경우가 별로 없다. 게다가 떼어내는 과정에서 깨지거나 손상되는 경우도 많다. 그래서 이렇게 키우는 굴은 대부분 껍데기를 깐 후에 유통된다.

정재진 대표는 덩이로 다닥다닥 붙여 키우는 대신 하나씩 따로 키운다. 그래서 굴 껍데기 모양이 둥글고 깨끗한 편이다. 서로 붙어 있는 굴을 떼어내려다 손상되는 경우도 거의 없다. 보통 깐 알 굴이 1킬로그램에 870원이라면 모양이 예쁜 개체굴은 1킬로그램당 3,500원(중국 수출가 기준)이다.

그는 굴을 하나씩 키우기 위해 아파트 층 같은 모양의 '개체굴 양식법'을 개발했다. 기존의 굴 다발 형식이 아니라 따로 떨어져 자랄 수 있는 직사각형 모양의 굴 망을 만들었다. 이 망을 차곡차곡 굴 틀에 쌓아 바다 속에 넣어놓는다. 수확할 때는 이 틀을 크레인으로 한 번에 끌어올리는 식이다.

"이렇게 하면 굴 껍데기가 크고 예쁘게 자랍니다. 통영의 일반적인 굴 양식(연승수하식) 기간이 18개월 걸리면 개체굴은 8~10개월에 수확까지 끝난다는 것도 장점입니다."

그는 이 개체굴 양식 기술로 신용보증기금에서 10억 원의 보증지원을 받고, 투자전문회사인 BA파트너스, 인라이트벤처스로부터 10억 원의 투자를 유치했다.

정재진 대표는 개체굴 양식법을 내수용이 아닌 수출용으로 개발했다고 했다.

"외국에서 굴은 어딜 가나 고급 식재료 대접을 받고, 값도 비싸게 받습니다. 껍데기가 있어야 좋은 굴이라고 평가받고요. 개체굴은 생산량을 정확하게 예측할 수 있고, 껍데기 크기도 일정해 수출하기에 좋은 조건을 갖췄습니다. 생산 단가가 높은 편이

기 때문에 굴 값이 싼 한국에서 내수용으로는 적합하지 않아요."

○ 9년 만에 얻은 성과

그는 왜 한국에 생소한 개체굴 양식을 시작했을까? 본인이 힘들어서라고 했다.

"농민들이 서울 올라가서 국회 앞에서 데모하고 그러죠. 그걸 어민들은 왜 잘 안 하는지 아세요? 양식장은 사장 따로, 실제 일하는 사람 따로 하는 경우가 더 많거든요. 그러다 보니 수산업이 아무리 힘들어도 발전이 잘 안 됩니다. 사장 본인이 고된 게 아니니까요."

그는 통영으로 오기 전 부산에서 도시 생활을 했다. 어머니가 하던 굴 양식에는 2003년 처음 뛰어들었다. 만만하게 봤지만 현실은 달랐다. 모든 일이 어렵고 까다로웠다. 노하우도 필요했고, 체력도 요구했다.

"오래한 어른들은 쉽게 해요. 그런데 막상 제가 가서 하려니 어렵더라고요. 숙련도가 필요한 일들이었어요. 이런 식으로는 젊은 인재들이 들어오기 쉽지 않겠다 싶었습니다."

양식 방법을 쉽게 만들자. 정재진 대표의 목표는 단순했다. 양식 일이 힘하거나 어렵지 않도록 효율화하는 것이었다. 여러 굴 양식법을 연구하다 보니 해외의 개체굴 양식이 눈에 띄었다. 프랑스와 미국에서는 한국과 달리 굴을 다발이 아닌 하나씩 키우고 있었다. 이 방식은 굴 외에 다른 패각이 많이 달라붙지 않아 깔끔하고, 굴을 서로 분리하고 알을 까는 과정이 필요 없어 일손이 덜 들었다.

"개체굴은 초기 투자 비용이 많이 들어요. 개체굴 양식구를 따로 마련해야 하고, 전용선도 필요합니다. 저희 양식장 기준으로 1헥타르에 7~8억 원은 투자해야 했습니다. 대신 한 번 투자하면 추가로 들어가는 인력이 적고, 수확량도 정확합니다. 보통은 굴을 수확할 때 아줌마 8명 넘게 나가는데, 개체굴은 두 명이서 금방 다 끝내요. 따져보니 2년 안에 투자금을 회수할 수 있겠다는 생각이 들었습니다."

결심이 선 그는 개체굴 양식으로 유명하다는 나라를 직접 찾아나섰다. 미국, 프랑스, 캐나다의 굴 양식장을 한 곳씩 돌아봤다. 각 나라마다 개체굴 양식 노하우가 달랐다. 장단점이 있었다.

"그중에 캐나다식이 남해안과 잘 맞겠다는 판단을 했습니다. 캐나다식 양식법을 한국 바다에 도입해보자는 생각으로 캐나다 양식구 1억 원어치를 수입했습니다."

수입한 양식구로 통영에서 캐나다식 양식을 시작했다. 하지만 곧 접어야만 했다. 한국의 양식 관련법에 개체굴 양식에 관한 규정이 없어 불법이 됐던 것이다. 그러나 정재진 대표는 포기하지 않았다. 한국 법을 어기지 않으면서도 캐나다식의 장점을 살린 새로운 양식법을 개발해야겠다고 판단했다.

"캐나다의 양식구는 바다 위에 떠 있는 면적이 넓어 문제가 됐어요. 양식구가 바닷물에 잠겨 있으면서도 개체굴을 잘 키울 수 있는 방법을 고민했죠."

지금의 양식구를 개발하는 데까지는 그 이후 9년의 시간이 더 필요했다. 굴이 자라는 시간이 있어 한 번 실험하는 데만 1년씩 걸렸다. 시행착오를 거치며 양식구와 양식법을 보완해나갔다.

"힘들었습니다. 기존 굴 양식도 계속하면서 새 양식법도 개발해야 했으니까요. 보세요. 이게 처음 만든 것이고요. 이게 두 번째, 세 번째….
모두 제 실패의 흔적들이지요."

그는 패배의 추억을 고스란히 간직하고 있었다. 정재진 대표의 연구실에는 양식 장비들이 여러 개 있다. 모양은 조금씩 다르다. 현재 양식구를 개발하기까지 거쳐 온 중간 단계의 장비들이다. 여러 해의 시행착오를 거쳐 지난해 개체굴을 성공적으로 출하했다.

"굴의 모양이 크고 깔끔하게 나왔습니다. 입식한 만큼 수확량도 정확했고, 가격도 일반 굴의 4배를 받았습니다."

그는 이 양식구로 특허를 출원했다.

개체굴 양식에 성공하자 관심을 보이는 곳도 늘었다. 기존 굴 양식이 손이 가고 힘든 탓에 새로운 양식법에 관심을 갖는 사람들이 많아졌다. 그는 지금 전남 신안에서 개체굴 양식법을 전달하고 있다.

"신안에는 어르신들이 많아요. 그분들이 아직도 열정을 갖고 새로운 것을 배우려고 하시는 것을 보면 제가 더 자극이 됩니다. 쉽고 편한 양식법을 개발한 만큼 원하는 곳이 있다면 도와야지요."

○ 1차 산업도 달라져야 한다

"우리 사무실 어떻습니까? 굴 양식업 사무실치고 그래도 세련되고 깔끔하지 않습니까?" 그의 얼굴은 밝았다. 사무실 한편에는 프레젠테이션용 스크린과 노트북 등이 설치돼 있었다. 개체굴 양식이 궁금해 찾아오는

"저는 수산이 달라져야 젊은 사람들도 들어온다고 생각해요.

양식업이 깔끔하고, 시간 많고,

돈도 많이 벌 수 있는 직업이라는 것을

사람들에게 알려주고 싶어요."

_ 예담수산 정재진 대표

사람들이 있으면 그래픽 자료를 보여주면서 설명한다고 했다. 그는 양식 사무실도 화이트칼라 오피스만큼 멋져야 한다고 했다.

"저는 수산이 달라져야 젊은 사람들도 들어온다고 생각해요. 양식업이 3D업종이 아니라 화이트칼라 직업 못지않게 깔끔하고, 시간 많고, 돈도 많이 벌 수 있는 직업이라는 것을 사람들에게 알려주고 싶어요."

정재진 대표는 이미 여러 작업들을 진행하고 있다. 대표적인 게 스티로폼을 쓰지 않은 기능성 부표를 만든 것이다. 부표를 바다 위에서 쉽게 뒤집을 수 있게 제작했다. 부착생물이 덜 붙고 회수가 쉽다. 재활용도 가능하다. 스티로폼이 아니기 때문에 해양 오염 우려도 덜하다.

"사실 굴 양식업 절반은 부표 일이에요. 설치하고, 부착생물 제거하고, 회수하고. 보통 손이 가는 일이 아니죠. 하지만 부표 만드는 회사는 직접 양식업을 하는 곳이 아니에요. 그래서 어민들의 고충을 잘 모릅니다. 사실 이렇게만 바꿔주면 훨씬 손이 덜 가거든요. 저는 제가 직접 쓰려고 이 부표를 만들었어요."

개체굴 양식을 위해 직접 개조한 선박에는 보온시설과 냉방시설을 따로 설치했다. 간단한 요리를 해먹을 수 있는 장비도 넣었다.

"어민들이 바다 위에서 힘들게 일하지 않았으면 좋겠어요. 바다 일이라고 하면 다들 고되다고 아는데, 조금이라도 편해질까 해서 나름대로 투자를 많이 했습니다."

그는 1차 산업에 미래가 있다고 했다.

"작업 과정을 조금만 효율화하면 부가가치를 크게 높일 수 있는 것들이 이쪽에 참 많습니다. 개체굴이 그렇고요. 지금 제조업 성장도 한계에 부딪혔고, 서비스업에는 2등이 없잖아요? 저는 1차 산업이 우리 미래를 이끌 것이라고 봐요."

정재진 대표의 목표는 통영, 고성에 오이스터 파크(굴 테마공원)를 조성하고 패류사관학교를 만들어서 젊은 양식 인력들을 양성하는 거라고 한다. 그래서 양식업을 미래 산업으로 만드는 것이다.

"양식을 시스템화, 체계화시킬 거예요. 기술을 보급하고 인재를 키우고 싶습니다. 젊고 유능한 인재들이 앞다퉈 양식업을 하고 싶다고 할 때까지 개체굴 양식 하나만큼은 세계적으로 경쟁력을 갖추고 나아가고 싶어요."

38만 평을
산양삼 재배단지로 일구다

○
○

강원도 정선군 깊은 산속 소나무 군락지. 황진숙 푸새&G 대표의 농장은 이 소나무 줄기 사이 산비탈에 잡풀을 걷어내고 만든 곳이다. 황진숙 대표는 해발 700미터가 넘는 산을 매일 오르내리며 산양삼(장뇌삼)과 산나물을 키우고 있다.

산속 재배단지는 38만 평으로 대부분 국유림이다. 서울시 성동구에 조성된 서울숲(35만 평)보다 크다. 서울에 살던 그녀는 어떻게 방대한 땅을 빌려 연 평균 5억 원의 매출을 올리는 임업 경영인이 됐을까? 농사의 '농'자도 몰랐던 그녀가 어떻게 홀로 귀농해 18년 동안 산양삼을 키워냈을까?

"주로 키우는 작물은 대부분 산양삼이에요. 곰취, 곤드레, 산마늘(명이나물), 눈개승마(삼나물) 같은 산나물도 하지요. 여기 환경이 험하다고 하는데, 맞아요. 그래서 그 환경을 이겨낸 작물들의 맛과 향이 더 뛰어난 거예요. 산속에서 키우니 그대로 친환경이고요. 화학 비료나 농약도 안 쓰습니다."

○ 산의 매력에 완전히 빠져들다

산양삼은 '사람이 키운 산삼'이다. 자연산 산삼은 귀하다 보니 그 씨앗을 산에 뿌려 재배한 것이다. 인삼과는 달리 차광막을 씌우지 않고 산에서 자연 상태로 키운다. 여름에 서늘한 곳, 햇빛이 산란해 비치는 곳을 산양삼 재배의 최적지로 본다.

황진숙 대표는 이렇게 키운 산양삼을 발효시켜 발효산양삼, 발효산양삼 진액, 발효산양삼 대보환 등으로 만들어 판다. 대학 연구팀과 산양삼 발효 기술을 함께 개발해 가공품 특허도 냈다. 2015년에는 산림사업 유공자로 국무총리 표창을 받았고, 2016년에는 농림축산식품부 신지식농업인으로도 선정됐다. 2017년 들어서는 산림청의 산양삼 재배단지 조성 시범사업을 맡아 대규모 단지를 꾸리고 있다.

산양삼을 키우기 좋은 산은 어떤 산일까? 황진숙 대표는 자신의 농장이 최적지라고 했다.

"토양이 좋고, 일교차가 큽니다. 그래서 유리합니다. 그렇다고 온 산에 다 산양삼을 재배할 수 있는 건 아니에요. 해가 많이 들어오는 곳은 안 돼요. 더덕을 심거나 다른 걸 재배해야 합니다. 사실 국유림을 빌려도 실제 심을 만한 땅은 그 절반도 안 돼요. 너무 습한 곳도 못 쓰고, 잘 나와야 절반이죠."

산양삼은 보통 산에 씨를 뿌린 뒤 6년이 지난 후부터 약효가 생긴다고 한다. 그래서 황진숙 대표는 6년근부터 7년근, 8년근, 12년근까지 키운다. 오랜 시간, 산골짜기 자연 그대로의 환경에서 자란 삼이라야 좋다. 그렇게 6년 넘도록 키우다 보면 다 내 새끼같이 느껴진다고 한다. 자연스럽게 삼을 가족처럼 애지중지하게 되는 것이다.

6~7월이 되면 산양삼 씨앗열매가 빨갛게 영그는데, 심마니들은 이 열매를 '딸'이라고 부른다. 이 열매를 따서 껍질을 벗긴 후 모래 속에 묻어놨다가 싹이 나오면 다시 땅에 심을 수 있다. 산양삼 1년생은 작은 잎 다섯 장이 아기자기하게 나와 있는 모양이다. 해가 지날수록 잎은 더 풍성해지고 토질이 비옥할수록 뿌리는 더 크게 자란다. 보통 특유의 향이 강하고 오래 씹으면 단맛이 나는 삼을 좋은 산양삼으로 친다.

경북 안동이 고향인 황진숙 대표는 2000년까지만 해도 서울에 살았다. 몸에 좋다는 말에 한 번 얻어먹었던 산양삼의 매력이 그의 인생을 바꿨다. 취미 삼아 직접 키워볼까 했던 게 시작이었다. 강원도 영월에서 지인들이 꾸리고 있는 산양삼 농장 일에 합류했다. 서울에서 왔다 갔다 하면서 4년가량 농사를 지었다.

"그런데 평생 산에도 안 다녀봤던 제가 시간이 지날수록 산이 너무 좋더라고요. 산에 완전히 빠진 거죠."

○ 18년 동안 남몰래 흘린 땀과 눈물

"그때는 제가 산을 다 뛰어다녔어요. 그 가파른 비탈길을 신나서 왔다

갔다 한 거예요. 사실 뭘 몰라서 그랬지 지금 같으면 무릎 아파서 절대 못 해요. 산양삼 배우는 게 참 재미있었어요. 산 지리라는 것도 그때 처음 익히고요."

산은 그녀의 적성에 딱 맞는 일터였다.

"삼 묘종 심을 때도 손이 너무 빠르다고 했어요. 평생 농사라곤 지어 본 적이 없는데, 옆에서 같이 일하는 아저씨가 '아줌마는 몇 년 했어요?' 묻습디다. 남의 눈에는 처음 하는 솜씨가 아닌 거예요. 나는 처음부터 일 못한다는 소리 안 들었어요."

본격적으로 산양삼을 재배해 보자고 결심하고 찾은 곳이 지금의 정선군 임계리였다. 말리는 어머니를 뒤로하고 귀농을 결심했다. 인근 주민들의 동의를 얻으면 국유림을 빌릴 수 있다는 정보를 얻어 연 10만 원을 내고 국유림 10헥타르(약 3만 평)를 대여했다. 여자 홀몸으로 어떻게 귀농할 엄두가 났을까?

"처음엔 서울에 계신 어머니가 저를 시골에 혼자 둔 게 마음에 걸린다고 우시고 그랬지요. 저는 운이 좋았던 게 국유림을 그래도 쉽게 빌렸어요. 그런데 어떤 분은 귀농하자마자 전 재산을 털어서 산을 사요. 그렇게 하면 막상 필요할 때 돈이 없어요. 저는 산부터 사지 말라고 합니다. 우선 국유림 이용해서 작게 해보고 필요하면 더 사라고 말해요. 제가 해보니까 그렇더라고요."

황진숙 대표도 귀농 초반에는 실수가 많았다고 한다. 산양삼을 키워 돈을 벌 때까지 걸리는 시간은 최소 6년. 그런데 처음에는 모든 산에 산양삼만 심었다. 다 투자하니까 남은 돈이 없었다. 몇 년간 먹고살 길이 막막했다. 4년 동안 남의 산에서 산양삼 일을 배운 경력이 있었지만 직접 농장을 경영하는 것은 또 달랐다.

"어느 날 정선 시장에 나가봤더니 산나물이 많더라고요. 산나물은 그해 바로 수확이 돼요. 돌아와서는 곰취와 산마늘 같은 나물들을 심었어요. 이 산나물로 산양삼 처음 출하할 때까지 생활비를 벌었어요. 나물들이 몇 년간 절 먹여 살린 셈이지요."

그렇게 지내다 처음 산양삼을 수확하게 됐을 때 느꼈던 감동은 말로다할 수 없었다.

"산양삼은 오래 키워야 하는 거다 보니 반타작도 안 돼요. 10년근이면씨 뿌렸던 거에서 실제 상품으로 나오는 건 한 10퍼센트 봐요. 여름에서늘하지 않으면 죽거든요. 가뭄도 너무 타고요. 쥐가 다 갉아먹기도 하고 산양삼 도둑도 있어요. 씨를 뿌리고 다시 흙으로 잘 덮어야 하는데, 그걸 실수해서 새들이 다 파먹은 적도 있지요."

소비자들은 생산물의 결과만을 보지만 그걸 만들어내기까지 농부들이 흘려야 할 땀과 눈물 그리고 고된 노동과 실패의 쓴맛은 겪어보지 않은 사람은 헤아릴 수조차 없는 것이리라.

"하나의 일을 10년 넘게 하면 프로가 된다고 하잖아요? 이렇게 해서도 심어보고, 저렇게 해서도 심어보고, 지금은 노하우가 생겼어요. 어떻게 하면 가뭄을 덜 타는지, 어떻게 해야 사람들이 작업하는 데 편한지 다 몸으로 겪으면서 알아낸 거죠. 지금은 임업진흥원에서 지정한 산양삼 멘토로 조언하고 있어요."

○ 아직도 해야 할 일이 너무 많아요

사실 황진숙 대표가 저절로 산양삼 전문가가 된 것은 아니다. 긴 시간, 오랜 노력이 있었다. 2009년에는 강원농업마이스터대 특용작물과에 입학해 인삼을 전공했다. 10년 가까이 몸으로 부딪히며 겪은 현장이지만 아직도 전문 지식이 부족하다 느꼈기 때문이라고 했다.

"그때 가공에 대해 구체적으로 생각하게 됐어요. 산양삼 발효를 하면 그냥 먹을 때보다 몸에 좋은 사포닌 성분이 흡수가 잘된다는 논문이 있어요. 앞으로는 발효가 대세다 싶더라고요. 그런데 산양삼은 발효가 잘 안 돼요. 진액이 안 되면 효과가 없어요. 그래서 대학 연구팀에 들어가 산양삼 발효를 연구했습니다."

그렇게 평창에 있는 전문가와 세명대 연구팀과 함께 연구한 결과 특허까지 받게 되었다. 그걸 상품으로 개발해 내놓은 게 발효산양삼, 발효산양삼 진액, 발효산양삼 대보환이다. 지금은 이것들이 효자 상품이다.

다음에는 뭘까? 그녀는 산양삼 발효주를 개발할 계획이다. 너무 바빠서 미뤄둔 황진숙 대표의 연구 목표다.

"가장 최근에 개발해 특허를 받은 게 산양삼 누룽지예요. 산양삼 중에 찍히고 부러져서 생물로는 못 나가는 것을 모았다가 분말로 만들었어요. 그걸로 누룽지를 제조한 건데, 누구나 쉽게 먹을 수 있고 몸에도 좋지요. 이런 구상들을 많이 하고 있습니다."

그녀는 이제 산양삼 발효 제품의 해외 수출을 준비하고 있다고 했다. 가공이 안 된 산양삼 생물은 위생 검역이 까다롭고 유통기한도 짧아 수출이 어렵지만, 가공한 상품은 충분히 경쟁력이 있다는 게 그녀의 판단

"하나의 일을 10년 넘게 하면 프로가 된다고 하잖아요?

이렇게 해서도 심어보고, 저렇게 해서도 심어보고,

지금은 노하우가 생겼어요."

_ 푸새&G 황진숙 대표

이다.

"시장 조사차 홍콩과 중국 광저우를 가봤는데, 사람들이 산양삼에 큰 호감을 보였습니다. 문제는 물량입니다. 꾸준히 공급할 물량을 확보하려면 그만 한 재배 면적이 필요합니다."

황진숙 대표의 농장은 2017년 산림청의 산양삼 대규모 재배단지 시범사업장으로 선정됐다. 원래 산림법에서는 임업 법인당 국유림 10헥타르씩 빌릴 수 있는데, 황진숙 대표는 이번 시범사업으로 재배단지 100헥타르(약 30만 평)를 추가로 경영하게 됐다. 그녀는 그만큼 어깨가 무겁다고 했다.

"우리 임업인들이 요구하는 게 국유림 임대 규모가 더 커져야 한다는 거예요. 저처럼 수출을 하려고 해도 재배 규모가 작아서 못 하는 경우가 많아요. 제가 이번에 시범으로 잘해야 다른 임업인들에게도 도움이 되지 않겠어요."

방대한 산양삼 재배단지를 관리하고, 상품을 개발하고, 수출을 추진하는 일까지 혼자 도맡아 하는 게 버겁지 않을까?

"저는 처음 농사를 시작해서 산을 뛰어다녔을 때보다 지금이 더 흥분돼요. 사실 요즘도 산에 가서 풀 다 뽑고, 낙엽 다 정리하고 난 다음에 흙을 슬쩍 만지면서 혼자 좋아해요. 즐겁지 않으면 이 많은 일들을 어떻게 하겠어요. 운도 좋았지만 이 일을 좋아하지 않았다면 지금까지 못 해왔을 겁니다."

CHAPTER 5

기술에 답이 있다

THE
RICH
FARMER

사물인터넷과 축산업의
화려한 랑데부

○
○

      "구제역 때문에 소가 살처분되는 것을 보고 너무 안타까웠어요. 내가 도움을 줄 수 있는 일이 없을까 고민했습니다."

  2011년, 이화여대 컴퓨터공학과에서 박사과정을 밟고 있던 김희진 씨는 구제역으로 인해 전국의 소와 돼지, 염소 등 가축 348만 마리가 도살처분됐다는 뉴스를 봤다. 그녀는 축산학과를 졸업한 아버지를 따라 목장을 누비고 다니던 어린 시절이 떠올라 남일 같지 않다는 느낌을 받았다고 한다. 사물인터넷(IoT)에 관한 연구를 하고 있던 때였다.

  그날부터 고민이 시작됐다. 자신의 연구를 축산업에 적용하고 싶었다. 그녀는 구제역이 반복되는 한국의 현실에 주목했다. 구제역이 발생하면, 사후 대책 마련에 급급한 모습이 눈에 들어왔다. 그녀는 '구제역을 미리 예방할 수 있는 방법은 없을까?' 하고 고민했다. 미리 소의 건강 상태를 정확히 확인하고, 소의 이동 경로를 추적할 수 있다면 질병을 효과적으로 예방할 수 있지 않을까 하는 생각으로 이어졌다.

○ 무작정 소의 입에 손을 넣다

소 몸에 센서를 넣어 건강 상태를 확인할 수 있도록 하는 아이디어가 떠올랐다. 사물을 데이터와 연결하는 자신의 전공을 살릴 수 있겠다는 확신이 들었다. 그녀는 창업을 결심하고 유라이크코리아라는 회사를 세웠다. 스마트폰으로 간편하게 소의 체온을 확인해 병을 예방하고, 발정기를 체크해 송아지 출산에 도움을 주는 '라이브케어'의 탄생이었다.

그때부터 그녀의 축사 라이프가 시작됐다. 처음에는 체온계를 귀에 붙이는 등 기존의 축사 관리 시스템에서 하던 방식을 응용해보려 했다.

"목걸이나 귀에 붙이는 형태의 체온 측정 장치는 이미 널리 사용되고 있었어요. 그런데 소가 축사를 돌아다니면서 쉽게 부서지는 경우가 많았죠. 그래서 제대로 된 정보를 모으기가 어려웠어요."

고민에 빠진 그녀는 어린 시절의 기억을 되짚었다.

"소가 아플 때 마그네슘을 먹이거나 이물질을 배출시키기 위해 자석을 삼키게 하는 장면이 떠올랐습니다. 측정기를 소에게 '먹이는' 아이디어가 그때 나왔습니다."

아이디어를 실행하는 것은 생각보다 어려웠다. 옥수수로 만든 유아용 식기가 있다는 점에 착안해서 사탕수수로 기기를 만드는 작업까지는 진행됐지만 어떻게 먹일 것인가가 문제로 남았다.

"처음에는 무작정 손을 집어넣었어요. 혀를 빼서 식도를 연 후 투입을 하는 작업인데, 소가 이물감을 느껴 온몸을 뒤흔드는 통에 위험한 순간도 많았어요. 보호 장비를 쓰긴 했지만 물렸을 때는 아프더라고요."

최종적으로는 기계를 사용해 쏘는 방식을 선택했다. 스펙을 맞춰줄 수 있는 기계 제작 업체를 찾아 전 세계를 누빈 끝에 터키 이스탄불의 협력사를 발굴했다.

○ 다용도로 활용되는 라이브케어

2011년 시작한 제품 개발은 4년간의 연구를 거쳐 지난 2015년 완료됐다. 그렇게 탄생한 라이브케어는 하루에 300번이나 소의 미세한 체온 변화를 감지해 실시간으로 농장주에게 알려준다.

소의 정상 체온인 38.5~39.5도 사이를 0.3도가량 벗어난 상태가 지속될 경우 경고 메시지가 통보된다.

"소의 체온이 38.0~38.8도 사이에 오랜 기간 머문다면 소화불량과 장염이 있는 상태일 가능성이 높고, 37.8도까지 체온이 떨어졌다면 케톤증ketosis을 앓고 있을 확률이 높습니다."

케톤증은 혈액에 케톤체가 증가해 오줌으로 빠져나간 상태를 가리킨다. 당분 섭취의 부족이나 당의 소비가 심할 때 또는 케톤체의 연소가 따르지 않을 때에 일어난다.

"라이브케어가 항생제 과다 투여 문제를 해결할 수 있는 아이디어가 될 수도 있습니다. 현재 축사 관리 시스템은 한 마리의 소가 병에 걸리면 기르는 모든 소에 항생제를 투여하는 방식이 대부분이거든요. 병에

"소가 아플 때 마그네슘을 먹이거나

이물질을 배출시키기 위해

자석을 삼키게 하는 장면이 떠올랐습니다.

측정기를 소에게 '먹이는' 아이디어가 그때 나왔습니다."

_ 유라이크코리아 김희진 대표

걸린 소에게 항생제를 투여하는 것은 그렇다 쳐도 아프지 않은 소까지 일괄적으로 항생제를 투여하는 것은 항생제 과다 투여로 이어질 수밖에 없죠. 라이브케어는 개체별로 관리할 수 있기 때문에 이 같은 사육 방식을 극복할 수 있습니다."

미세한 체온 변화 감지 기술은 구제역 예방에도 도움을 줄 수 있다는 게 김희진 대표의 생각이다. 그녀는 농장주들이 백신 접종을 꺼리는 이유가 백신을 맞다가 질병에 걸리는 소가 나올 수 있기 때문이라면서 체온 변화를 감지해 체계적으로 관리한다면 백신 부작용을 최소화할 수 있다고 설명했다.

축적된 데이터를 종합해 결론을 도출하는 딥러닝 기술을 활용한 발정 및 임신 관리가 가능하다는 것도 라이브케어의 장점이다.

"4년간 쌓은 300만 건의 데이터를 기반으로 소가 발정기에 들어갔는지 여부와 임신한 소가 출산을 언제 할지에 대해 알려줍니다."

○ 축산은 과학이다

라이브케어를 사용하는 농가들도 만족감을 표하고 있다. 충남 예산군에서 젖소 120마리를 키우고 있는 영훈목장 조상훈 대표도 그중 한 사람이다.

"라이브케어를 활용해 식체에 걸린 소를 빠르게 치료한 경험이 있습니다. 예전 같았으면 소가 죽고 나서야 병에 걸렸다는 사실을 알았을 거예요. 아찔한 일이죠."

식체(食滯)란 가축의 위나 장기에서 사료가 소화되지 않고 가득 차 소화 장애를 유발하는 것을 말한다. 겨울철에 흔하게 발생하는 어린 송아지 질병 중에는 식체가 유난히 많다. 저온에 노출된 신생 송아지가 어미 젖 대신에 바닥에 깔린 왕겨나 볏짚, 건초 등을 먹고 나서 소화를 시키지 못하게 되면 발생한다.

유라이크코리아는 설립 5년 만에 매출 100억 원대를 바라보는 유망 벤처기업으로 성장했다. 김희진 대표의 다음 목표는 무엇일까? 그것은 라이브케어를 사용하는 축산 농가를 늘려 궁극적으로 건강한 소가 많아지도록 하는 것이다. 국내에서는 충청남도가 라이브케어 보급에 가장 적극적이다. 충청남도는 5년간 50억 원을 지원해 도내 220개 농가에 라이브케어를 보급할 예정이다.

김희진 대표는 기업의 이익보다는 국가에 좋은 일을 한다는 생각으로 제품 가격도 저렴한 수준을 유지할 것이라고 말했다. 해외 진출도 꿈꾸고 있다. 한국과 축산 환경이 비슷한 일본이 목표다.

"일본의 고급 와규는 한 마리에 3,000만 원이 넘기 때문에 한 마리만 살려도 축산 농가에 엄청난 이익이 됩니다. 일본에서는 바이어가 직접 찾아와 지사 설립을 요청할 정도로 수요가 상당할 것으로 생각하고 있습니다."

와규(和牛)는 일본 고유의 소 품종 군을 일컫는 말이다. 특히 털이 검은 와규가 많이 사육된다.

그녀는 또 최대 육류 소비국 중 하나인 미국에도 지사를 설립해 수출을 꾀하고 있다.

"과거에는 축산을 경험과 노하우만 갖고 하는 경우가 많았어요. 하지만 2세 경영이 많아진 현 상황에서는 그런 '본능적인' 노하우를 가진 사람이 많지 않죠. 하지만 과학은 정확합니다."

축산업계의 '블룸버그', 미트박스

○
○

　　"마트에 붙어 있는 가격표, 그리고 공공기관들이 제공하는 시세가 현실과는 너무 다르다고 생각했어요. 마장동 축산물 도매 시장의 진짜 가격을 식당 점주 등 실제 육류 사용자들에게 알려주자는 생각이 사업의 아이디어였습니다."

　축산물 유통 시장에는 크게 세 종류의 주체가 있다. 원래의 생산자나 수입자, 여러 단계의 중간 유통상, 그리고 식당과 정육점 등 B2B(기업 간 거래) 단계의 최종 수요자다. 축산물 B2B 전문 오픈 마켓 '미트박스'를 창업한 김기봉 ㈜글로벌네트웍스 대표는 LG유통(GS리테일)과 아워홈에서 10년 동안 축산 MD('Merchandiser'의 약칭으로 상품 기획에서부터 판매까지 담당하는 전문인을 가리킴)를 하면서 중간 유통업자 역할을 경험했고, 회사를 나온 후에는 미스터보쌈 등을 운영하는 프랜차이즈 기업 '푸디아'를 창업해 최종 수요자도 해봤다.

그런데 정말 이상했다. 중간 유통업자가 알고 있는 가격과 최종 수요자가 실제로 고기를 구매하는 가격이 너무 달랐다. 중간 유통 단계가 몇 단계인지, 단계별로 얼마나 마진이 붙어 공급 가격이 나왔는지 궁금해지기 시작했다.

하지만 알 수가 없었다. 유통업자들의 카르텔은 생각보다 엄격했다. 원 수입상들이 몰려 있는 마장동에 가서 직접 가격을 물어야 유통 단계가 처음 시작될 때의 가격을 아는 정도였다. '중간 유통 단계의 정보를 파악하기 어렵다면 아예 없애버릴 수는 없을까?' 하는 생각이 들었다.

그는 경북대학교 동기이자 게임회사 웹젠에서 일했던 IT 전문가 서영직 대표와 의기투합했다. '올드 인더스트리'인 축산업에 IT를 입혀보자는 김기봉 대표의 제안에 서영직 대표도 흔쾌히 수락했다. 김 대표와 서 대표는 2014년 그렇게 미트박스를 창업했다.

○ 마장동의 원가를 우리가 알려 드릴게요

그렇다면 미트박스는 정확한 가격 정보를 어떻게 파악할까?

"지금은 거의 주식시장처럼 돌아갑니다. 가격이 낮다 싶으면 구매자들이 몰리죠. 그러면 가격이 오릅니다. 또 가격이 너무 높다 싶으면 판매가 안 되니까 다시 가격이 내려가고요. 가격은 보통 24시간 단위로 업데이트하는데, 급변할 경우에는 그때그때 새로운 가격 정보를 제공하고 있습니다."

미트박스에는 현재 100여 개 공급사가 상품을 팔고 있다. 국내에는 약

300개 공급사가 있는데, 그중 3분의 1이 미트박스를 활용한다. 미트박스의 가격이 곧 마장동 도매시장의 실제 가격이라고 봐도 무방한 셈이다.

물론 일부 품목의 경우 미트박스 가격보다 마장동 도매업자의 판매가가 낮은 경우가 있다. 이런 경우에는 마장동 가격까지 고려해 최저가 정보를 제공한다.

중요한 것은 이 모든 정보를 모든 이용자에게 무료로 제공한다는 점이다. 미트박스에 판매자나 구매자로 등록하지 않아도 애플리케이션만 깔면 날마다 변하는 축산물 가격 정보를 속속들이 알 수 있다.

이렇게 무료로 가격 정보를 제공하는 곳이 또 있다. 축산물품질평가원과 한국농수산식품유통공사다. 미트박스는 이들과 어떻게 다를까?

"기관에서 제공하는 가격은 특정 상품이 아니라 품목별로 나옵니다. 돼지고기 중 삼겹살은 얼마, 갈비는 얼마 하는 식이죠. 그런데 삼겹살이라는 이름이 붙었다고 꼭 다 같은 삼겹살이 아니에요. 삼겹살, 뼈 있는 삼겹살, 미박 삼겹살(비계 끝에 껍데기가 붙어 있는 것), 미추리 삼겹살(삼겹살 끝부분에 살코기가 많은 것) 등 분류도 다르고, 분류가 같더라도 브랜드에 따라 품질이 천차만별이죠. 미트박스에서는 분류별, 브랜드별로 가격을 제공합니다. 수요자가 필요한 부위를 특정해 골라서 구매를 할 수 있도록 말이죠. 하지만 처음부터 이렇게 시스템화되어 있었던 것은 아니에요."

처음에는 공급자들을 일단 입점 시키는 게 먼저였다. 다른 방법이 없었다. 인맥에 의존했다. MD 시절 인연이 있던 사람들을 무작정 찾아가서 믿고 맡겨 달라고 매달렸다.

공급자들이 플랫폼에 들어온 후에는 '미트박스 가격이 과연 마장동과 같을까?'에 대한 소비자들의 의문을 푸는 데 집중했다. 김기봉 대표와 서영직 대표를 포함한 직원들이 마장동에서 거의 살다시피 했다. 오늘 가격이 얼마냐고 물어보는 게 주 업무였다. 같은 브랜드 같은 부위의 고기가 더 싸게 팔리고 있다는 소식을 들으면 사실을 확인한 후 일일이 판매가에 반영했다.

"사실 공급자들은 유통 과정에서 상대적으로 약자예요. 이들은 대량으로 물건을 확보한 후 중간 유통업자들에게 1퍼센트 남짓 마진을 받고 넘기죠. 유통업자들이 다양한 단계를 거치며 마진을 많이 남기는 것과 달리 이들은 초저마진으로 사업을 운영하는 사람들입니다. 미트박스와 거래하면 기존 유통업자들에게 넘기는 것보다는 비싼 값에 고기를 팔 수 있다는 점이 확실히 관심을 끌었습니다. 그러나 대다수는 '취지는 좋은데 기존의 유통 관행을 깰 수 있겠냐?'고 반문하더라고요."

기존 유통 관행은 자본과 물류 유통망을 갖고 있는 유통업자들이 쥐고 흔드는 구조였다. 예를 들어 수입육의 경우 육류가 수입되면 경부고속도로 주변에 있는 냉동 보세창고에 보관된다. 그 상태에서 유통업자들이 달려들어 원 수입자에게서 고기를 산다. 톤 단위로 잘게 쪼개져 전국 각지로 보내진다. 그런데 이때 쌓여 있는 고기는 서류상으로만 쪼개진다. 고기는 그 자리에 그대로 있는데, 며칠이 지나면 주인이 수차례 바뀌고 가격은 몇 배나 올라간다. 원 수입자도 수요자도 그다지 즐겁지 않은 상황이 되는 것이다.

그렇다면 마장동 수입업자가 직접 유통까지 담당하면 안 될까?

"현실적으로는 어렵습니다. 마장동에서 꽤 규모가 큰 원 수입자가 전남 여수에 100킬로그램 단위의 주문을 받았다고 해보죠. 이 경우 다섯

박스 정도로 나누어 배송하게 되고, 100만 원 안팎의 매출이 나옵니다. 그런데 유통업자들의 냉동차를 이용하는 비용이 30만 원은 들어요. 남는 게 없는 거죠. 그리고 수입업자가 직접 최종 수요자를 관리할 수도 없습니다. 산발적으로 들어오는 주문에 맞게 그때그때 고기를 나누고, 포장하고 보내기가 어려운 거죠. 또 거래 관계가 없는 상황에서 수입한 고기를 모두 팔 수 있을 것이라는 보장도 없고요."

○ 오랜 관행과의 끝없는 싸움

물류 시스템을 갖추는 것도 중요했다. 미트박스는 오뚜기 계열의 물류사인 OLS와 계약을 맺었다. 전국 어디로 배송을 하든 3,500원이면 냉동차로 배송된다. 30만 원의 비용을 3,500원으로 줄인 것이다. 유통업자들에 휘둘리지 않아도 된다는 점, 그리고 물류 비용이 굉장히 낮다는 점을 인정받으며 미트박스에 소규모로 물량을 주던 공급자들이 물량을 대폭 늘리기 시작했다.

그다음에는 음식점주 등 수요자들의 유입이 활발해졌을까?

"사실 이게 더 힘들었습니다. 왜냐하면 축산물 유통시장은 거대한 '미수금 시장' 형태로 운영되고 있기 때문이죠. 고깃집 창업을 했다고 가정해보자고요. 그러면 유통업자 3~4명이 달려옵니다. 그리고 일단 고기를 줍니다. '가져다 쓰시고 나중에 정산해주세요.' 이렇게 말하는 게 일반적인 영업 방식이에요. 다른 업자와 거래하고 있는 음식점을 빼앗아 오기위해서는 기존 업체의 미수금을 갚을 수 있도록 돈을 정산해주고, 다시 외상으로 고기를 공급하는 겁니다. 현금 흐름이 좋지 않은 영세식당들이 외상 거래 유혹을 이기기는 쉽지 않습니다."

김기봉 대표는 이런 관행들을 어떻게 극복했을까?

"결국에는 가격의 힘입니다. 종합적으로 봤을 때 미트박스와 거래하는 게 이득이 된다고 판단한 식당 점주들이 하나둘씩 생기게 됐어요. 가격이 20~30퍼센트 싸니까 그랬던 것 같아요. 또 MD로 구성된 '미트마스터'의 컨설팅도 무료로 제공했습니다. 메뉴 구성과 식당의 운영 전반에 걸쳐 조언을 했죠. '이 지역에는 삼겹살보다는 곰탕이 어떠십니까?' 하는 식이었어요. '이래도 안 살래?'라는 마음이 들 때까지 해보자는 심정이었죠."

이런 노력들이 결실을 맺어 미트박스가 축산물 유통업계의 오랜 관행을 깨고 새로운 강자로 떠오를 수 있을까?

"공급자는 현재 약 100개 업체와 거래하고 있습니다. 카길, 아그로슈퍼, IBP 등 해외에서 유명한 업체들은 모두 들어와 있죠. 한우, 한돈 등 국내산 육류 비중도 늘려 연말까지 공급 업체 수를 200개로 늘리는 게 목표예요. 200개 업체가 입점하게 되면 마장동 이상으로 정확한 시세 정보를 공급할 수 있을 것으로 기대하고 있습니다. 제가 봤을 때 수요자는 약 2만 여 명 정도로 추산됩니다. 이 중 90퍼센트는 정육점이나 식당이고, 나머지 10퍼센트가량이 일반 개인 소비자들이에요. 미트박스는 B2B를 중심으로 대량으로 고기를 판매하기 때문에 개인의 구매 비중은 낮은 편이죠. 개인 구매자들도 있는데, 이들도 가정에서 활용하기보다는 헬스 동호회, 교회 식당 등 대량으로 고기가 필요한 곳에서 활용하는 것으로 알고 있습니다."

○ 축산업계의 블룸버그가 되는 게 꿈

이쯤에서 미트박스의 매출액이 궁금해지지 않을 수 없다. 거래 금액을 기준으로 월 100억 원을 넘긴 적도 있다고 한다. 그중 미트박스가 실제로 버는 돈은 거래액의 약 3~5퍼센트 수준이다.

2017년 거래액 목표는 1,300억 원이다. 국내 B2B 축산 시장은 약 13조 원으로 추산된다. 원료 공급부터 유통과 소비까지 모든 것을 담당하는 거대 프랜차이즈 업체 등을 제외하면 약 7조 원 규모다. 이 중 1,300억 원이니 아직 높은 수준은 아니다. 하지만 2년 후에 열 배 더 성장해 거래액 1조 원을 넘기게 되면 축산물 유통업계에서 무시할 수 없는 사업자가 될 것이다. 그것이 이들의 목표다.

하지만 이들의 성장이 달갑지 않은 사람들이 있을 것이다. 사업 영역을 빼앗긴 기존의 유통업자들이다. 이들의 반발은 없을까?

"없을 수가 없죠. 그러나 일부 유통업자의 반발이 있다고 해서 실제 수요자들을 위한 서비스를 멈출 이유는 없습니다. 오히려 요즘은 유통업자들이 미트박스의 가격을 참고해서 마진 폭을 조정하는 모습도 나타납니다. 긍정적인 변화라고 생각합니다."

이들의 행보에 격려를 보내는 이들도 많다. 2016년에는 30억 원을, 2017년에는 80억 원을 투자받은 것이다.

"미트박스의 미래에 대해 좋은 평가를 받은 것이라고 생각합니다. 2016년까지는 주로 물류에 투자를 했습니다. 2017년에 투자받은 80억 원은 개발자 채용과 시스템 개발에 썼고요. 그리고 경기도 용인시에 있던 사옥을 경기도 성남시 분당구 판교동으로 이전했습니다. 사옥 이전

"마장동 축산물 도매시장의 진짜 가격을
식당 점주 등 실제 육류 사용자들에게 알려주자는 생각이
사업의 아이디어였습니다."

_ ㈜글로벌네트웍스 김기봉 대표

만으로도 좀 더 IT 기업다운 회사가 된 느낌입니다."

미트박스의 미래는 어떻게 될까? 지금 모으고 있는 가격 정보가 계속 쌓이면 결국에는 데이터 비즈니스로 진화할 것이다. 시세를 따라가는 것이 아니라 향후 시세를 예측하고 이에 대한 해석을 축산업자들에게 제공하는 기업이 되리라 예상한다.

"축산업계의 블룸버그Bloomberg가 되고 싶습니다."

김기봉 대표는 이렇게 말했다. 블룸버그는 금융시장의 뉴스와 데이터, 분석정보를 서비스하는 미국의 미디어 그룹이다. 1981년 마이클 블룸버그가 뉴욕에서 설립했고, 세계 금융가에서 신뢰받는 뉴스매체로 성장해 91개국의 14만여 고객에게 전용 단말기를 통해 정보를 제공하고 있다. 김기봉 대표는 일반 시세와 추이는 대중에게 모두 공개하지만 이면의 분석은 유료로 팔 계획을 가지고 있다.

이들과 비슷한 사업 모델을 가진 기업은 아직 없다. 아시아에도 없다. 얼마 전 미트박스는 자신들의 사업 모델을 가지고 대만과 중국, 일본에 특허를 냈다. 아시아 시장은 이들에게 기회의 땅이다. 중국인들이 소고기를 먹기 시작하니까 국제 소고기 값이 출렁였을 정도다. 이 시장에 진출할 때 제대로 된 데이터가 있다면 카길Cargill(개인 소유의 다국적 기업으로 미국의 비공개 기업 중 가장 큰 기업) 같은 글로벌 기업들이 사지 않을까 하는 기대도 하게 된다.

"사실 축산업 이외 분야까지 진출하고 싶습니다. 2019년부터는 수산물 시장에서도 미트박스의 모델을 적용한 B2B 쇼핑몰을 할 계획이에요. 가공식품 등 공산품 시장에도 적용할 수 있습니다. 축산업계의 블룸버그가 되는 것이 일차적인 목표지만 나아가 먹거리업계의 블룸버그가 되는 게 꿈입니다."

그의 꿈은 야심차다. 축산업계에서 활약해온 기존의 유통업자가 아닌 외부에서 뛰어든 미트박스가 이끄는 변화가 과거 관행에 사로잡혀 있는 축산 시장을 예측 가능한 시장으로 만드는 것을 기대해봐도 좋을 것 같았다. 김기봉 대표의 자신감 넘치는 목소리가 한동안 귓가를 떠나지 않았다.

"변화는 항상 변방에서 나옵니다. 용산전자상가의 변화를 이끈 것은 변방의 '다나와'였고, 배달음식업계의 지배자가 된 것도 '배달의 민족'이었으니까요."

비닐하우스 설계 자동화 프로그램을 만든 청년들

○
○

스마트 팜은 앞으로 농업을 이끌 핵심 기술로 주목받고 있다. 유리온실과 축사 등 농업 생산시설에 정보통신기술(ICT)을 접목해 농작물 재배와 가축 사육 과정을 자동화하면 생산성을 월등히 높일 수 있기 때문이다. 특히 온실 안에서 채소와 과일, 꽃 등을 기르는 시설원예 분야에서는 스마트 팜의 발전 가능성이 더욱 크다. 온도, 습도, 일조량, 이산화탄소 농도, 그리고 토양 상태 등을 분석한 뒤 저절로 최적의 조건에 맞춰준다. 많은 일손을 들이지 않고도 최상등급의 농산물을 최대한 많이 생산할 수 있다. 농림축산식품부를 비롯한 농업 관련 정부부처와 공공기관들이 스마트 팜이 농업을 혁신할 기술이라고 보는 이유다.

하지만 스마트 팜의 성장 가능성에도 불구하고 장밋빛 미래에만 기대고 있기에는 국내 농업이 처한 현실이 만만치 않다. 2016년 통계청 농림

어업조사 결과에 따르면 시설원예를 갖추고 있는 전국 14만 6,985 농가 가운데 유리온실의 비중은 0.34퍼센트(501 농가)에 불과했다. 특히 89퍼센트에 달하는 13만 1,378 가구는 일반 비닐하우스에서 농사를 짓고 있다. 대부분 인근 지역 시공 업체가 지은 비닐하우스들이다. 체계적인 설계 과정을 생략하고 업체의 시공 경험에만 의존해 세운 경우가 많다. 설계 과정을 건너뛰기 때문에 비용을 계산하는 견적이 불투명하고, 현장에서 농민과 시공 업체 간의 다툼도 잦다.

○ 회사 이름은 러닝, 서비스 이름은 브이하우스

경기도 용인시에는 비닐하우스의 설계와 견적을 자동화 서비스로 해주는 업체가 있다. 4년 동안 개발한 소프트웨어를 통해서다. 비닐하우스는 국내 시설원예 농업의 99퍼센트가 사용하고 있다. 회사 이름은 러닝, 서비스 이름은 브이하우스다. 아직 변변한 사무실도 없다. 아파트를 빌려 사무 공간으로 사용하고 있다. 매출 또한 아직 거의 없는 수준이다. 최근에야 월 수백만 원의 매출을 거두기 시작했다. 그가 하는 서비스는 사실 간단하다. 비닐하우스의 모양과 넓이만 입력하면 재료비와 시공 단가를 정확하게 계산해주는 것이다. 유료 서비스는 2017년 10월에 시작했고, 2018년 6월 현재 21개 업체가 사용하고 있다.

러닝의 사무 공간인 아파트 현관문을 열고 들어가면 작업 공간이 한눈에 들어온다. 그리 넓지 않은 거실은 소프트웨어 개발용 컴퓨터와 테스트용 서버, 책상, 의자 등으로 가득 차 있다. 다소 열악해 보이는 사무실 분위기와는 달리 김평화 대표 얼굴에는 자신감이 넘쳐흘렀다.

브이하우스라는 프로그램은 단동(한 동), 연동(여러 동을 이어짓는 형태) 등 기본 형태, 파이프 굵기, 사용 목적 등에 따라 나뉜 15종의 기본 설계 유형을 제공한다. 먼저 기본 유형을 선택한 뒤 폭, 길이, 높이, 지붕 개폐 여부 등 세부 사항을 원하는 대로 변경할 수 있다. 비닐하우스를 실제로 설계해보는 것이다.

일단 가장 많이 사용되는 형태인 단동 기본 32 유형을 선택했다. 서까래 파이프 굵기가 32밀리미터인 한 동짜리 비닐하우스다. 폭이 7미터, 길이가 90미터인 약 191평 넓이다. 지표면에서 하우스 파이프가 구부러지기 시작하는 지점까지의 높이인 어깨높이는 1.5미터로 정했다. 바깥 지붕 아래에 안쪽 지붕을 하나 더 겹쳐는 2중 구조를 선택했다.

이것만을 마치고 버튼을 누르자 자재비 1,260만 원, 시공비 390만 원이라는 견적이 떴다. 이 조건대로 비닐하우스를 짓기 위해 필요한 도면과 시방서도 제공됐다. 세부 항목 버튼을 누르자 비닐하우스를 짓는 데 들어가는 비닐, 파이프, 클램프, 연결핀, 문짝, 센서 등 각 부품의 수량과 단가도 계산돼 나왔다.

그렇지만 얼핏 봤을 때는 별로 대단할 게 없어 보인다. 설계 분야에 문외한인 사람이 보면 '이 정도 자동화 프로그램은 이미 건축 분야에서는 많이 쓰이는 거 아닌가?' 하는 의문이 들 수도 있을 것 같다. 그러나 그게 아니었다.

○ 비닐하우스 설계·견적 자동화 소프트웨어 개발

"우리나라에서 비닐하우스를 지을 때 미리 도면을 그리고 도면에 따라서 어떤 부품이 얼마나 들어갈지 계산하는 곳은 거의 없다고 보면 돼요. 대부분 어림짐작으로 '이 정도 크기 비닐하우스면 부품이 이 정도 필요해' 하고 계산하는 식입니다. 실제로 그게 견적이 되고요. 일단 그렇게 견적을 내고 난 다음에 보조금 사업 신청 때문에 도면이 필요하다고 하면 그때야 견적에 맞춰서 도면을 그리는 거예요. 비닐하우스를 짓는 업체들이 대부분 농촌에 있는 영세한 업체니까 이런 식으로 하는 거죠."

때문에 기존의 설계 방식은 건축주인 농민과 시공 업체 사이의 분쟁 등 여러 가지 문제를 일으키는 요인이 된다.

"일단 현장에 가서 비닐하우스를 짓다 보면, 설계를 바꿔야 할 때가 생기잖아요. 땅 모양 때문에 폭이나 길이를 바꿔야 할 때도 있고, 땅을 조금 더 깊이 판 다음에 지어야 할 때도 있고요. 처음에는 자동으로 천장을 열어주는 개폐기가 필요 없다고 했다가 나중에 달아 달라고 할 때도 있습니다. 이렇게 되면 설계도 달라져야 합니다. 들어가는 부품들 종류와 개수도 바뀌어요. 애초에 설계도라는 거 자체가 없으니 뭘 빼고, 뭘 더해야 할지, 견적이 어떻게 달라지는지 제대로 계산하기가 힘든 건 당연한 일입니다. 농민 입장에서는 바가지 쓴다고 생각하게 되고, 업체 입장에서는 재료비도 제대로 못 건지게 됐다고 생각하는 경우가 생기는 거예요."

김평화 대표는 대학에서 컴퓨터공학을 전공했다. 농업 관련 소프트웨어 개발에 발을 담근 건 2011년부터다. 명지대학교 컴퓨터공학과를 졸업하고, 카이스트 소프트웨어대학원을 다니던 때였다. 지인이 운영하던 농자재 유통 업체가 사무 운영 소프트웨어를 도입하는 데 조언을 해준 것이 계기가 됐다.

몇 년간 틈틈이 이 회사를 도우면서 김평화 대표는 비닐하우스 설계를 해보면 어떨까, 하고 생각하게 됐다. 기준조차 없는 설계가 돌아다니고 있는데, 제대로 된 프로그램을 만들면 농업계에도 도움이 되고 수익도 낼 수 있을 거란 판단이었다. 고등학교와 대학교 동기인 이덕형 씨와 함께 2014년 회사를 차렸다. 그러고 나서 소프트웨어 개발에 들어갔다.

소프트웨어를 개발하는 데 공학은 오히려 쉬웠다. 농업에 문외한이었기 때문에 비닐하우스에 대한 정보가 없었다. 예컨대 비닐하우스에 들어가는 수천 가지 종류의 부품 이름과 규격에 대한 정보를 전혀 알지 못했다.

"비닐하우스를 떠올리면 비닐하고 파이프만 있으면 지을 수 있다고 생각했는데, 실제로는 그렇지 않더라고요. 비닐만 해도 밀리미터 단위로 두께를 구분하고 폭, 길이, 막대에 둘둘 말린 채 나온 상품인지 접혀서 나온 상품인지, 제조사가 어딘지에 따라서 가격이 달라진다는 걸 알았어요. 파이프도 연결핀부터 나사, 문짝, 전자 센서까지 종류가 수백 가지가 되더라고요."

○ 시설원예 시공에 대한 체계화된 데이터를 갖고 있는 유일한 회사

"똑같은 부품을 두고도 A회사와 B회사가 부르는 명칭이 다르니 일단

"일단 브이하우스로 매출을 올리는 것까진 성공했는데,

사실 이 정도로는 충분하지 않죠.

올해부터는 서비스 비용을 낮춰서라도

전국 농자재 업체에 소프트웨어를 보급하려고 해요."

_ 러닝 김평화 대표(오른쪽)·이덕형 이사(왼쪽)

이것부터 통일해야 했죠. 비닐하우스에 들어가는 수천 가지 부품을 일일이 다 조사해서 입력했으면 이 소프트웨어는 못 나왔을 거예요. 다행히 비닐하우스 자재 유통회사들이 부품 수천 가지의 목록과 단가를 제공해준 덕분에 개발할 수 있었던 거죠."

러닝은 2017년 10월부터 비닐하우스 설계·견적 자동화 소프트웨어를 유료로 서비스하기 시작했다. 2018년 1월에 거둔 매출은 450만 원가량. 창업하고 4년 만에 거둔 사실상의 첫 매출인 걸 생각하면 많지 않은 금액이다. 그는 2015년 중소기업청(현 중소벤처기업부)으로부터 받은 창업지원금 1억 원이 없었다면 사실 지금의 회사는 없었을지 모른다고 했다.

이제 막 매출이 발생하기 시작한 두 청년이 이끌어가는 벤처기업. 이들의 사업 목표는 과연 무엇일까?

"어쩌면 다른 회사에 취업해 지금 비닐하우스 일은 파트타임으로 하게 될지도 모르겠습니다."

너무도 솔직한 대답이었다.

"곧 회사를 창업한 지 4년이 돼요. 처음 친구랑 회사를 차릴 때 '딱 4년만 해보고 안 되면 다른 일을 찾아보자'고 이야기했었어요. 일단 브이하우스로 매출을 올리는 것까진 성공했는데, 사실 이 정도로는 충분하지 않죠. 사업이니까요. 올해부터는 서비스 비용을 낮춰서라도 전국 농자재 업체에 소프트웨어를 보급하려고 해요. 매출이 부족해서 다른 일을 하면서 파트타임으로 사업을 하게 되더라도 말이죠. 앞으로 우리나라 시설원예 분야에서는 규모화가 진행될 거예요. 지금보다 훨씬 큰 유리온실, 비닐하우스 단지가 나타나겠죠. 그때가 되면 시설원예 시공에 대한 체계화된 데이터를 갖고 있는 저희 회사의 힘이 꼭 필요해질 거라고 생각합니다."

　기업의 목적이 돈을 버는 게 전부라면 러닌과 김평화 대표의 지난 4년은 어리석게 흘려보낸 잊힌 시간으로만 기억될 것이다. 하지만 기업의 목적에 꿈을 이루고 확산시켜나가는 것이 포함된다면 러닌과 김평화 대표의 지난 4년은 다가올 스마트 팜 40년의 희망찬 농촌을 설계한 소중하고 아름다운 시간들로 기억될 것이다.

　2018년 5월 러닌은 농림축산식품부가 진행하는 '스마트팜 시설 견적 자동화 온라인 플랫폼 개발' 연구과제 사업자로 선정됐다.

구기자 시장을 점령하다

○
○

        충청남도 청양군 청양읍 청양시장. 2와 7로 끝나는 날에는 어김없이 5일장이 선다. 시장 양옆으론 좌판이 길게 깔렸다. 길가 한쪽에서 돗자리를 깐 채 밭에서 따온 채소를 파는 시골 할머니들은 삼삼오오 모여앉아 이야기꽃을 피웠다.

  시장 광장과 맞닿아 있는 연갈색 2층 벽돌 건물 앞은 또 다른 풍경이다. 좌판 대신 마대자루를 짊어진 노인들이 옹기종기 모여 있다. 자루 안에는 바짝 마른 빨간 알갱이들이 가득하다. 갓 수확해 말린 구기자 열매다. 청양구기자원예농업협동조합이 잠시 후 이 열매들을 모두 사갔다.

  조합 사무실에서 돈 봉투를 들고 나오는 농민들의 발걸음은 가벼웠다. 이날 구기자를 판 농민들은 구기자 한 근(600그램)당 2만 6,000원씩을 받았다. 이들은 "술 한잔하자"며 기분 좋은 발길을 재촉했다. 농민들의 웃음 뒤에는 그만한 이유가 있었다. 최근 구기자 값이 크게 뛰었기 때문이다. 구기자 포대를 옮기던 복영수 청양구기자농협 조합장은 얼마 전까지만 해도 한 근 가격이 1만 5,000원 선이었다고 설명했다.

구기자 가격이 이렇게 오른 건 공급 감소가 아닌 수요 증가 때문이다. 한약재로만 쓰이던 구기자가 건강기능식품 및 차, 즙 등 다양한 제품의 원료로, 사용처가 확대됐다는 것이다. 구기자 수요를 늘린 대표적인 인물로 복영수 조합장과 구기자 재배 농민들은 홍성빈 바이오믹스 대표를 지목한다. 그는 1990년대 후반부터 인삼, 구기자, 오미자 등 농산물에서 식품·의약품·화장품에 들어가는 원료를 뽑아내 상품화해온 식품 벤처사업가다.

○ 뚜렷한 경쟁자가 없는 시장에 뛰어들자

홍성빈 대표는 2000년대 초반부터 주말마다 청양에 머물며 구기자 농사도 짓고 있다. 그가 주도해 설립한 청양구기자수출영농조합은 청양읍 벽천 2리에 있는 1만여 평 땅에 구기자 비닐하우스 25개 동(재배 면적 6,000여 평)을 세워 구기자를 키우고 있다. 청양 구기자 농장 중 가장 큰 규모다.

유통업을 하던 그가 구기자 재배에 관심을 갖고 청양을 처음 찾은 건 2001년이다. 20대 중반부터 개인 사업을 해온 그는 1990년대 말 건강기능식품 시장 진출을 계획했다. 소득 수준이 높아지고 고령 인구가 늘어나면 건강기능식품을 찾는 수요도 늘어날 수밖에 없다고 예측했다. 처음에는 홍삼을 먼저 생각했다. 하지만 강력한 경쟁자들이 많았다. 정관장, 한삼인 등 대형 브랜드들과 경쟁하기 힘들다고 판단했다. 새롭게 관심을 갖게 된 게 구기자다.

"건강기능식품 사업을 준비하면서 한의학 책들을 많이 봤습니다. 이들 책에서는 구기자가 인삼과 거의 같은 비중으로 나오더라고요. 저도 그렇고 사람들이 구기자라고 하면 잘 모르는데, 도대체 어떤 약재기에 그처럼 적혀 있는지 궁금했어요. 알아보니까 청양이 구기자가 유명하다고 해서 바로 청양으로 갔습니다."

2000년대 초반만 해도 구기자는 농민들의 주요 수익원이 아니었다. 한의원이나 약초상 외에는 찾는 곳도 드물었다. 홍성빈 대표는 당시 청양에 내려가 구기자조합장을 처음 만났을 때 일화를 들려줬다.

"조합 사무실에 들어와 조합장에게 인사하고 차 마시면서 이야기하는데, 그 짧은 동안에 농민 서너 명이 연이어 찾아와서 조합 가입비를 돌려 달라고 하더라고요. 더 이상 구기자를 키우지 않겠다는 거였어요."

겉으로 보이는 상황은 좋지 않았지만 그는 반대로 생각했다.

"뚜렷한 경쟁자가 없어 제대로 된 상품만 개발하면 구기자 시장을 키울 수 있겠다는 느낌이 들었어요. 한의학 서적과 국내외 논문을 읽으며 공부한 덕분에 구기자의 효능에 대해선 잘 알고 있었거든요."

○ 할머니의 비밀

중국에서는 구기자를 약재뿐 아니라 식재료로도 널리 쓰고, 미국과 유럽에서는 고지베리^{Goji Berries}라는 이름으로 불리면서 건강에 좋은 '슈퍼

푸드'로 소비된다는 사실도 홍성빈 대표가 구기자 상품 개발에 나선 배경이다.

구기자조합과 구기자를 활용한 상품개발에 관한 양해각서를 맺고 연구를 시작했다. 2003년에는 말린 구기자를 갈아서 가루 형태로 티백에 담은 구기자차를 내놨다. 구기자 영양분이 단시간 내 많이 우러날 수 있도록 하는 데 초점을 맞췄다.

2006년에는 한 걸음 더 나아갔다. 구기자 추출물을 섞은 술을 내놓은 것이다. 백세주와 소주를 섞어 마시는 일명 '오십세주'가 술자리에서 인기를 끌던 시기다. 약주 시장이 커질 거라 예상하고 그동안 사업을 통해 번 5억 원가량을 투자해 술을 개발했다. 구기자에 얽힌 중국 전설을 본떠 '할머니의 비밀'이라고 이름 붙였다. 하지만 이즈음 대형 주류 회사들이 순한 소주들을 잇달아 출시했고, 소주와 섞어 마시던 약주들의 인기도 시들해졌다. '할머니의 비밀'도 시장에서 퇴장했다. 실패였다.

구기자로 건강기능식품을 개발해 정면승부를 펼쳐봐야겠다고 생각한 건 그 무렵이다. '건강기능식품에 관한 법률'에 따라 건강기능식품 인증을 받지 못한 제품들은 광고에 제한을 받는다. 홍성빈 대표는 정식 건강기능식품을 개발해 구기자 효과를 제대로 알리면 승산이 있을 것 같다고 생각했다.

○ 구기자 팔아서 연매출 150억 원 달성

건강기능식품 개발로 방향을 바꾼 뒤 본격적인 투자에 들어갔다. 고부가식품연구개발을 위한 정부 지원금 3억 원, 중소기업청의 구매조건부 기술 지원금 5억 원을 포함해 20억 원가량을 연구개발에 투입했다. 연구개발은 9년간 이어졌다. 2014년 10월 식품의약품안전처로부터 기억력을 개선하는 데 도움을 줄 수 있는 건강기능식품으로 정식 인증을 받았다. 바이오믹스는 구기자 건강기능식품 판매를 통해 2016년 150억여 원의 매출을 올렸다.

2000년대 중반부터 청양구기자농협 조합장을 맡아 홍성빈 대표와 손을 맞춰온 복영수 조합장은 구기자 건강기능식품이 나오면서 농민들에게 새로운 시장이 열렸다고 설명했다.

"조합원 980명 중에는 이름만 걸어놓거나 텃밭 수준으로 구기자 농사를 짓는 분들이 많았는데, 구기자 가격이 오르면서 최근 2~3년 사이 구기자 농사 규모를 키운 농가가 부쩍 늘었습니다."

홍 대표와 복 조합장은 이제 구기자 재배 과정을 자동화하는 방안을 찾고 있다. 구기자는 대개 9월부터 11월까지 4~5차례로 나눠서 수확한다. 한 나무에서 1년에 보통 두 번 열매를 딴다. 수확을 위한 인건비 부담이 적지 않다. 상당수 농가는 인력을 구하는 단계에서부터 어려움을 겪는다.

홍성빈 대표는 비닐하우스 안에 구기자나무를 덜 심는 대신 나무 사이의 간격을 넓혔다. 그 사이를 모터가 달린 기계가 지나가면서 구기자 나무를 흔들어 다 익은 열매가 바로 그물에 떨어지도록 한다는 계획이다. 2016년에는 오미자로 만든 제품도 건강기능식품 인증을 받았다. 국내 오미자 주산지인 경북 문경의 농민들로부터 오미자를 납품받아 제품을 제조한다. 국산 농산물을 원료로 한 건강기능식품을 개발하면 시장

"농식품 업체를 운영하는 사람이라면

직접 농사를 짓지는 못하더라도

농업에 대한 지식은 충분히 있어야 된다는 게 제 생각입니다."

_ 바이오믹스 홍성빈 대표

이 커져 회사와 농민이 함께 이익을 얻는 상생구조가 형성된다는 게 그의 설명이다.

 "외국에서 수입한 구기자, 오미자 원료로 제품을 만들 수도 있고, 그러면 회사는 돈을 더 벌 수 있을지도 몰라요. 그런데 그렇게 하면 제가 직접 키운 구기자, 바로 내 옆에서 내가 아는 농부가 키운 구기자로 제품을 만들었을 때만큼 자기 제품을 믿지는 못할 거 같아요. 자기가 완전히 믿지 못하는 제품을 고객들한테 팔 수 없잖아요. 주말에 청양에서 구기자 농사를 지으면서 상품 개발에 필요한 아이디어도 많이 얻었어요. 농식품 업체를 운영하는 사람이라면 직접 농사를 짓지는 못하더라도 농업에 대한 지식은 충분히 있어야 된다는 게 제 생각입니다."

야생화를 수출해
로열티 받는 농부

○
○

국내 종자 산업은 선진국이 아니라 중진국 대열에도
끼지 못한다. 국립종자원이 2017년 4월에 발표한 '종자업 실태조사'에
따르면 조사 대상인 1,207개 종자 업체 중 로열티(Royalty, 특허권, 저작권,
상표권 등 특정한 권리를 이용하는 이용자가 권리를 가진 사람에게 지불하는 대가)를 받
아본 경험이 있다고 응답한 업체 수는 10개였고, 이들이 거둔 로열티
수입은 3억 원에 불과했다.

화훼 분야도 상황은 비슷하다. 국산 품종이 해외 시장에 이름을 알린
사례는 드물다. 이토록 열악한 상황 속에서도 지속적으로 해외 꽃시장
의 문을 두드리며 성과를 내기 시작한 곳이 있다. 한국 야생화를 개량해
정원용 품종으로 수출하겠다는 목표로 10년 넘게 도전하고 있는 우리꽃
영농조합법인(우리씨드그룹)이 그 주인공이다. 경기도 이천시 모가면에 위
치한 우리꽃영농조합 농장의 총지휘자는 박공영 대표다.

○ '품종 독립군'의 네덜란드 공략기

박공영 대표는 자신을 '품종 독립군'이라고 소개했다. 해외 품종이 장악하고 있는 국내 꽃 시장에 국산 품종의 꽃을 퍼트리고 해외에도 수출하는 것이 사명이라는 설명이다. 그는 야생화에 주목하고 있다. 해외에는 튤립처럼 꽃망울이 큰 정원용 꽃은 많지만 한국 야생화처럼 아기자기한 매력을 가진 꽃은 많지 않기 때문에 차별화가 가능하다는 것이다.

정원용 꽃의 생명은 오래 피어 있는 것이다. 하지만 한국 야생화 대부분은 열흘 남짓 꽃을 피우고 잎을 떨어뜨린다. 박공영 대표는 품종 개량을 시도했다. 오랜 연구 끝에 봄부터 가을까지 꽃이 피는 야생화를 개발했다. 정원용으로 사용할 수 있게 꽃대가 높이 자라지 않도록 했다. 미니 코스모스라 불리는 코레옵시스를 개량한 코레우리, 야생화 패랭이꽃을 기반으로 한 상록잔디 패랭이꽃 등이다.

그는 2003년 이 제품을 가지고 해외 시장의 문을 두드렸다.

"무작정 해외 화훼 박람회에 참가해 일반 거래 가격의 10분의 1 가격을 제시해봤지만 아무도 주문하지 않더군요."

당시를 회상하면 지금도 입맛이 쓰다. 그는 가격 대비 품질이 좋은데, 왜 안 팔릴까를 고민했다. 품질 수준을 더 높이면 될 것이라고 생각했다. 그러던 중 2008년 첫 계약에 성공했다. 쾌재를 불렀다. 이제 곧 수출이 폭발적으로 늘 것이라고 예상했다. 하지만 품종을 가져간 회사에서 꽃을 키워 팔았다는 소식은 들려오지 않았다.

"세계 꽃 시장이 종자 산업을 장악하고 있는 네덜란드 회사들에 의해 좌우된다는 사실을 몰랐었던 거죠. 네덜란드는 품종을 개발하는 육종가부터 판매 업체까지 철저한 계약관계로 맺어져 있더라고요. 최종 판매 업체의 마진을 꽤나 정확하고 공정하게 확보해줍니다. 2008년에 사간 품종도 비슷한 꽃을 갖고 있는 다른 품종 개발자를 보호하기 위해 생산을 하지 않았던 겁니다."

이후 박공영 대표는 '네덜란드 네트워크'에 들어가기 위해 무던히도 애를 썼다. 해외 출장을 꾸준히 다니면서 얼굴을 비추고 품종을 알렸다. 그렇게 몇 년이 지나자 해외 바이어들도 한국 꽃에 대한 생각을 바꾸기 시작했다.

2010년 네덜란드 아르마다사와 시험재배 계약을 체결했다. 일본 하쿠산과는 로열티를 받는 계약도 맺었다. 2011년에는 미국 퍼시픽사와도 시험재배 계약을 맺었다. 2017년에는 처음으로 네덜란드에서 개최되는 글로벌 세미나에 정식 초청도 받았다.

"결국 네트워크를 뚫은 것은 품질이었어요. 2016년 개량한 꽃 품질이 상당히 좋았거든요. 그 품종을 사겠다는 다른 회사들이 나타나자 원래 거래하던 네덜란드 회사에서 우리를 다시 본 거죠. 2016년에 그 회사가 패랭이꽃 30만 개를 팔았다고 그러더라고요. 현재 약 50종의 우리 꽃 품종이 수출되고 있습니다. 이 네트워크에 잘 안착해 생산량이 늘어나면 3년 내 로열티 수입만 20억 원을 거둘 수 있을 것으로 기대합니다. 꽃 시장 가격으로 따지면 3,000억 원어치의 한국 야생화가 유럽 시장에서 팔리는 겁니다."

○ 시인을 꿈꿨던 청년

박공영 대표는 원래 농민문학을 하는 시인이 되고 싶었다. 1985년 그는 연암대 농대에 입학했다. 진정한 농민문학을 하려면 농대에 진학해 농촌 실상을 알아야 한다고 생각했다. '자연회'라는 동아리 활동을 하며 농촌을 다니던 그는 농민들로부터 냉대를 받았다. 시가 농업에 무슨 도움이 되겠냐는 반응이 적지 않았던 것이다. 그해는 우루과이라운드 협상이 진행되던 때였다. 시장의 상당 부분을 개방해야 했던 농민들은 날이 서 있을 수밖에 없었다.

진로를 고민하던 그는 분류식물학 전문가인 고 이창복 교수의 강의를 몇 차례 들으며 야생화 품종을 연구하기로 마음먹었다.

"군 입대 후 민간인통제구역 안에서 3년간 근무하면서 야생화 공부를 정말 많이 했어요. 제대 후 농생물학 전공으로 대학을 다시 들어갔고, 품종 연구가의 길을 걷게 됐죠."

박공영 대표의 첫 직장은 서울종묘였다. 그곳에서 5년쯤 근무했을 무렵 외환위기가 터졌다. 국내 종자회사들 대부분이 해외 자본으로 넘어간 것이 이때다. 서울종묘는 스위스계 다국적 회사인 노바티스에 팔렸다. 많은 품종 개발자들은 퇴사하고 개인 육종가의 길을 걸었다. 그는 회사에 남아 2년을 더 다녔다. 그는 이때의 경험이 큰 자산이 됐다고 말한다.

"그 전까지는 해외 품종은 무조건 적이라고만 생각했어요. 그런데 노바티스 직원이 되면서 어쩔 수 없이 해외 품종들을 다루게 되니까 생각이 바뀌더라고요. 해외 유전자원의 특성을 바탕으로 국산 품종을 개량하는 것도 방법이 되겠구나, 하는 생각이 들었어요."

그 뒤 박공영 대표는 개량종을 기반으로 새 품종을 만드는 일을 시작했다. 주력 품목 중 하나인 하늘국화도 원종은 호주산이다. 그는 말하자면 미스킴 라일락을 만드는 일이라고 설명했다.

"미국 사람이 정향나무를 가져가 세계적인 품종 미스킴 라일락을 개발한 것처럼 개량종을 들여와 우리 기술로 세계적인 품종을 개발하는 것도 의미가 있는 겁니다."

○ 남산 1호 터널 벽면에 꽃을 심다

어려운 환경을 극복하면서 우리씨드그룹은 연간 매출을 50억~100억 원 수준까지 끌어올렸다. 정원 조성 수요에 따라 매출이 출렁이긴 하지만 그래도 안정적인 기반을 확보했다. 매출액 중 10억 원 이상은 우리 야생화 품종으로 번다. 코레우리와 가우라로 각각 2억~3억 원가량의 매출을 올리고, 패랭이꽃도 1억 원어치 넘게 판다.

국내에는 우리씨드그룹의 꽃을 사용한 녹지가 많다. 2010년 조성한 서울 광화문광장의 정원과 중구청의 도로 화단 등이 우리씨드그룹의 작품이다. 2015년에는 여의도공원 일대를 우리 야생화로 꾸몄다.

꽃만 파는 것이 아니다. 다양한 조경 소재도 개발하고 있다. 건물 외벽에 식물을 키우는 식물벽도 만든다. 본사 사무실 외벽은 그가 수년간 실험한 결과물이다. 박공영 대표는 실험 결과를 바탕으로 다양한 건축물의 벽면을 꽃으로 꾸몄다. 서울 강동구청사의 식물벽과 남산 1호 터널 초입의 패랭이꽃 벽 등이 그의 작품이다.

"진정한 수출이 무엇인지 생각해봐야 합니다.

로열티를 받을 수 있는 품목을 늘리는 것만이 살길이죠."

_ 우리꽃영농조합법인 박공영 대표

박공영 대표는 마약으로만 알려졌던 양귀비를 정원용 꽃으로 재배할 수 있도록 한 주역이기도 하다. 우리꽃영농조합에서 2004년 양재천에 심은 양귀비가 사회적 문제가 된 적이 있다. 전 세계에 분포돼 있는 70종의 양귀비 중 마약 성분을 함유하고 있는 것은 단 2종뿐인데, 관상용 양귀비를 마약 성분이 있는 양귀비로 오인해 벌어진 해프닝이었다. 박공영 대표는 국립과학수사원이 수거해간 양귀비에서 독성이 검출되지 않았다고 판결했고, 이후 양귀비가 관상용으로 인기를 끌기 시작했다며, 양귀비 꽃 축제를 여는 등 대중화를 위해 힘쓰고 있다고 말했다.

"진정한 수출이 무엇인지 생각해봐야 합니다. 현재 화훼 수출 산업은 보조금으로 지탱되는 불안한 구조입니다. 해외 품종의 장미와 국화 등을 잘 키워서 수출하는 정도로는 진정한 화훼 수출이라고 보기 어렵습니다. 이런 구조로는 보조금이 없으면 버티기 힘듭니다. 로열티를 받을 수 있는 품목을 늘리는 것만이 살길이죠. 2017년 농림축산식품부가 수출사업단 연구과제로 화훼와 종묘 분야를 지정한 것은 상당히 잘한 일이라고 생각합니다."

그는 머지않아 국내 화훼농가와 개인 육종가들을 묶는 네트워크를 결성할 계획이다. 아울러 중국 시장 진출도 꾀하고 있다. 문제는 중국의 낮은 지식재산권 인식이다. 중국에 좋은 품종을 수출했다가 바로 복제돼 피해를 본 사례도 많다. 지식재산권에 대한 인식이 확립되기 전에는 조심스럽게 접근해야 할 필요성이 있다.

하지만 시장 자체는 무궁무진하다. 품종 독립군이 아시아를 넘어 전 세계에 우리 꽃의 아름다움을 널리 알리면서도 많은 로열티를 벌어들이는 신 독립운동의 새 역사를 쓰게 될 날을 고대해본다.

독학으로 호접란
12종을 개발하다

호접란(胡蝶蘭)은 동남아시아가 원산지인 난초다. 활짝 핀 꽃잎이 나비를 닮았다 해서 한자 '나비 접'이 이름에 붙었다. '행복이 날아온다'는 꽃말을 갖고 있다. 한 번 꽃이 피면 두 달에서 길게는 세 달까지 지지 않는다. 실내에서도 잘 자라 선물용으로 인기다.

충청남도 태안군에서 30년 동안 호접란을 키우고 있는 칠순의 '호접란 명인'이 있다. 박노은 상미원 대표다. 그는 호접란 묘목을 전부 수입해 기르던 1990년대부터 국산 품종 개발에 매달렸다. 지금까지 그가 개발한 품종은 모두 12종이다. 이제 러시아, 베트남, 잠비아 등 가난한 외국 농민들에게 자신의 재배 기술을 전수하고 있다.

서해에서 2.5킬로미터가량 떨어진 태안군 태안읍 송암1리에 자리 잡은 야트막한 언덕. 오르막길을 따라 올라가자 2층 온실들이 눈에 들어왔다. 원래 서울시 송파구와 경기도 남양주시에서 화훼농사를 짓던 그는

1988년 보름가량 전국을 누빈 끝에 이곳을 새로운 터전으로 정했다. 바다 쪽으로 튀어나온 태안반도는 해양성 기후라 겨울에는 따뜻하고 여름에는 시원해 꽃을 키우기에 적합하기 때문이었다. 상미원은 온실 600평, 조직배양실 100평, 순화실(옮겨심은 묘목을 자연광에 적응시키는 공간) 100평 규모로 구성돼 있다.

박노은 대표가 처음 꽃 농사를 짓기 시작한 건 서른두 살이던 1979년부터다. 화훼농사를 짓던 형과 당숙을 따라 농사의 길에 접어들었다. 첫 농장은 지금의 서울시 송파구 방이동 올림픽공원 자리였다. 그 일대가 개발되면서 경기도 남양주시로 농장을 옮겼다. 처음에는 남들처럼 주로 동백나무, 석류나무, 관엽식물을 길렀다.

호접란을 키운 건 1986년부터다. 호접란이 국내에 본격 소개된 지 2~3년밖에 안 된 시점이었다. 서양란이라는 이름으로도 불렸다. 익숙한 꽃 대신 낯선 화초를 기르기로 선택한 이유가 뭘까?

"호접란은 육종이 잘되는 식물이에요. 새로운 품종이 굉장히 많아요. 원종(原種, 교배하지 않은 자연 상태의 종)만 해도 100종이 넘어서 서로 교배시키면 다양한 품종을 얻을 수 있어요. 화훼식물로 적합하죠. 실내식물로 키우기도 좋아요. 사람이 일반적으로 생활하는 온도에서 잘 자라고 그늘을 좋아해서 집 안에서 키우기도 딱 좋아요."

박노은 대표는 국내에서 호접란 재배의 일인자라는 평가를 받는다. 그동안 쌓아온 기술력과 재배 노하우 덕분이다. 그는 1995년 호접란 조직배양을 시작해 1998년에는 자신이 개발한 품종을 시장에 내놨다. 조직배양이란 꽃을 복제하는 절차다. 육종으로 마음에 드는 새 꽃 품종을 만들었더라도 그 꽃씨를 받아다 그대로 심을 수는 없다. 꽃씨를 그대로 심으면 씨앗마다 색상, 크기, 잎의 형태가 조금씩 다른 꽃들이 핀다. 동일한 특성을 갖춘 식물을 대량으로 길러내기 위해서는 식물의 세포를 떼어내 유리용기 안에서 키우는 조직배양 과정을 거쳐야 한다. 정규 교육과정에서 유전공학과 원예학을 전공하지 않은 그는 전문 서적을 읽으며 관련 기술을 독학으로 익혀나갔다.

○ 호접란 묘목을 대량 생산하는 상미원

"국내에서 호접란 묘목을 대량으로 생산하는 곳은 상미원이 거의 유일한 것으로 알고 있습니다."

그는 연간 10만 본의 묘목을 화훼농가들에게 판매한다. 2000년대 중반에는 한 해에 50만~60만 본의 묘목을 미국으로 수출했다. 기술력을 인정받아 2014년에 농촌진흥청에서 선정하는 대한민국 최고농업기술명인(화훼 분야)으로 뽑혔다.

현재 상미원 농장 운영은 박노은 대표의 아들인 진규 씨가 대부분 맡아 하고 있다. 진규 씨는 학부에서는 유전공학을 전공하고, 대학원에서는 원예학으로 석사학위를 받으며 가업 승계 준비를 해왔다.

농장 일에서 한 걸음 물러난 박노은 대표는 몇 년 전부터 자신의 재배 기술과 노하우를 외국 농민들에게 전수하는 데 집중하고 있다. 아직 화훼 기술이 발달하지 않은 외국의 농민들에게 자신이 쌓아온 호접란 재배 기술을 가르치면 그들이 가난에서 벗어날 수 있도록 도울 수 있다는 생각에서다. 지금까지 잠비아, 베트남, 러시아를 방문해 재배 기술을 가르쳤다.

2013년 아프리카 중남부에 있는 잠비아를 찾은 게 시작이었다. 해외로 나가 재배 기술을 가르칠 방법을 찾던 그는 한 가톨릭 봉사단체가 잠비아로 떠난다는 사실을 알게 됐다. 봉사단체를 찾아가 자신의 목적을 설명한 그는 동행해도 좋다는 승낙을 받고 자비를 들여 잠비아로 향했다. 길지 않은 기간이었고 언어 장벽도 있었지만 잠비아 농민들에게 기본적인 호접란 재배 기술을 전수할 수 있었다.

"호접란이 원래 동남아시아 열대 지방에서 온 꽃이라 더운 곳에서 잘 자라요. 아프리카에서도 당연히 잘 자라죠. 잠비아에 갔더니 호접란이 있긴 한데, 다 네덜란드에서 수입해온 거예요. 굶어 죽는 사람도 있는데, 돈 많은 부호들은 네덜란드에서 사온 꽃으로 집을 꾸미더라고요. 거기는 재배 환경은 좋지만 기술이 없어서 꽃을 못 기르고 있어요. 제가 가서 몇 년만 제대로 가르치면 그쪽 농민들이 꽃을 키워서 굶지 않고 먹고살 수 있게 도와줄 수 있을 것 같아요."

○ 일상에서 꽃과 가깝게 지낼 수 있는 사회

2017년 7월에는 나흘 동안 러시아 연해주 우수리스크를 다녀왔다. 러시아에서 활동하는 한 개신교 선교단체의 부탁을 받고 고려인(러시아와 중앙아시아 국가 등에 살고 있는 한국인 교포)들에게 호접란 키우는 법을 전수하기 위해서다.

"몇 년 전에 한 선교사가 찾아와서 고려인 교포들이 호접란을 키우고 싶어 한다고 모종을 구할 수 있냐고 했어요. 그때 공짜로 드릴 테니 가져갈 수 있는 만큼 가져가서 일단 키워보라고 그랬죠. 어떻게 키우는지 기본적인 방법도 가르쳐주고요. 1년 뒤쯤 연락이 왔는데, 일부는 죽긴 했지만 잘 자라는 꽃들이 더 많다고 하더라고요. 그쪽 교포들이 좀 더 제대로 배우고 싶어 한다고 해서 이번에 다녀왔어요. 러시아에서는 팬지, 페투니아처럼 우리나라에선 흔한 꽃들도 굉장히 비싸게 팔려요. 호접란 포트 하나가 2만 8,000원이에요. 우리나라보다 소득은 훨씬 낮은데 말이에요. 꽃만 잘 키우면 고려인들이 잘살 수 있게 되는 거죠."

그는 2016년 11월에는 베트남 호찌민에 있는 농업 연구기관 AHTP의 초청을 받았다. 베트남 호찌민에 보름가량 머물며 농업 연구자와 농민들에게 호접란 재배 기술을 전수했다. 2017년 8월에는 베트남 농업 연구기관 직원들이 그의 농장을 찾아와 호접란 재배 기술 전수를 위한 MOU(양해각서)를 체결하고 돌아갔다.

"우리나라에서는 자기가 보려고 꽃을 사는 사람이 생각보다 적습니다. 선물용이 여전히 주류를 이루고 있죠. 커다란 화분에 커다란 꽃을 심어서 빨간 리본을 달아서 보내요. 그렇게 선물로 받은 꽃의 상당수는 그냥 죽어버리죠. 물도 안 주고 있다가 죽으면 버리는 경우가 많아요. 베트남 같은 곳은 우리보다 잘살지는 못해도 사람들이 일상에서 꽃을 자주 사요. 집 안에 조상을 모시는 공간이 있어서 거기다 꽃을 놔두려고 사는 경우도 있고요. 경제적으로 넉넉하진 못해도 꽃을 사서 집을 꾸미는 모습이 부러웠어요."

그는 사람들이 일상에서 조금 더 꽃과 가깝게 지낼 수 있도록 여러 가지 시도를 해왔다. 2000년대 초반에 품종을 개발한 '꼬마란'이 대표적이

"오래 농사를 짓다 보니까 벌써 일흔이 됐네요.

늙어서 못 움직이기 전에

내 기술과 정성을 다른 사람들한테 나눠주고 싶어요."

_ 상미원 박노은 대표

다. 기존 호접란보다 크기를 2분의 1에서 3분의 1가량으로 줄인 품종이다. 사무실 책상과 식탁 등에 편하게 놓을 수 있도록 크기를 줄였다.

"이제 농장은 아들이 운영하고 있어요. 오래 농사를 짓다 보니까 벌써 일흔이 됐네요. 이 정도 나이가 되니까 다른 사람들을 도와줘야겠다는 생각이 들어요. 여러 우여곡절이 있었지만 지금 이만큼 잘사는 것 자체가 굉장히 감사해요. 늙어서 못 움직이기 전에 내 기술과 정성을 다른 사람들한테 나눠주고 싶어요."

그의 바람대로 사람들이 꽃을 좀 더 가까이에 두고 생활할 수 있게 된다면 세상이 지금보다는 한결 부드럽고 살 만한 세상으로 바뀌지 않을까 하는 생각이다.

왕지네에서
아토피 치료제를 뽑아내다

○
○

왕지네에서 아토피 치료 물질을 뽑아낸 박사가 한국에 있다. 황재삼 국립농업과학원 연구관(신소재개발연구실장)이 주인공이다. 황 실장을 만나기 위해 과학원이 있는 전주로 향하면서 한 가지 의문이 들었다. 지금도 시중에서 판매하는 아토피 치료제가 있는데 곤충에서 또 뽑아내 만든다는 게 무슨 의미가 있나. 그를 만나 인터뷰를 시작하자마자 이 질문은 우문(愚問)이란 걸 금세 알아챘다.

○ 왜 하필 왕지네인가?

왕지네에서 추출한 아토피 치료 물질은 다른 아토피 치료제와 어떻게 다를까?

"왕지네 추출물과 기존 치료제의 물질 구성은 같습니다. 하지만 차이가 있습니다. 왕지네에서 뽑아낸 물질은 천연 물질입니다. 스콜로펜드라신이라는 겁니다. 지금의 아토피 치료제는 인공 합성 물질입니다. 인위적으로 만들어낸 물질을 인간이 섭취하거나 바르면 부작용이 생길 가능성이 높을 수밖에 없어요. 저는 왕지네에서 뽑아낸 단백질 조각으로 같은 분자 구조를 만들었어요." 천연 물질이라 부작용이 거의 없다는 설명이다.

그러면 현재 이 물질은 어떤 제품에 쓰이고 있을까?

"화장품으로 나와 있습니다. 크지 않은 벤처 회사가 만들어 팔고 있어요. 광고와 홍보가 없었는데도 꽤 잘 팔립니다. 무엇보다 재구매율이 80퍼센트에 이른다고 합니다. 아토피 환자나 아토피 환자를 둔 가족이 그리 유명하지도 않은 회사에서 만든 화장품을 직접 사서 써보고, 10명 가운데 8명이 다시 샀다는 의미는 그만큼 효과가 있다는 이야기로 받아들이고 있습니다."

그렇게 효과가 좋다면 화장품보다는 의약품으로 쓰는 게 더 좋지 않을까?

"그건 효과에 대한 결과라기보다는 돈에 관한 문제입니다. 국립농업과학원은 농림축산식품부 산하 농촌진흥청에 소속된 연구기관입니다. 여기서 저와 함께 일하는 열한 명의 연구관들의 신분은 공무원이에요. 발견한 물질이 의

약품으로 쓰이려면 임상실험을 통과해야 합니다. 통상 사람에게 적용해 볼 수 있는 임상실험을 하려면 1,000억 원 이상의 돈이 들어갑니다. 우리는 그런 임상실험을 할 돈이 없어요. 하려면 당연히 세금을 써야 하죠. 이에 반해 화장품으로 쓰이려면 전임상(동물에 적용)만 통과하면 됩니다. 아토피 치료 물질은 전임상을 통과한 겁니다. 전임상은 임상실험에 비해 비용이 100분의 1 정도도 안 들어요."

○ 곤충에는 상상 이상으로 치료 물질이 많다

곤충은 대개 더러운 곳에서 산다. 예컨대 똥 한가운데서 사는 곤충이 있다고 치자. 그 곤충은 역설적이게도 강한 독성의 환경에서 적응하는 법을 터득했다. 돌려 말하면 그만큼 항균 물질^{Antibiotics}(미생물에 의해 생성되어 다른 세포의 발육 또는 기능을 저지하는 물질의 총칭)을 내뿜는다는 이야기다. 그런 곤충이 발견된 것만 전 세계에서 80만여 종이 넘는다. 지금 인간이 연구하고 있는 곤충은 그에 비해 100분의 1도 안 된다. 곤충 연구가 '블루오션'인 이유다. 여기서 뽑아낸 물질은 모두 천연이다.

왕지네에서 뽑아낸 아토피 치료 물질 말고 국립농업과학원에서 치료 물질을 만들어낸 또 다른 사례는 얼마나 될까?

"우리 연구실에서 특허를 받은 게 100건이 넘습니다. 기술 이전도 그 정도 되죠. 상용화에 성공한 건 아토피 치료 물질을 비롯해 코프리신이라고 불리는 염증 치료제예요. 코프리신은 애기뿔소똥구리에서 뽑아낸 물질로 만들었어요. 곤충의 면역반응의 일환으로 분비되는 생체방어물질(항균펩타이드)을 인간의 질병이나 농작물의 병 방제에 적용한 것이죠. 이것도 2012년 정부가 정한 우수 연구개발 성과 100대 과제로 선정됐어요. 역시 전임상을 통과해 화장품으로 나와 있습니다."

인간에게 부작용이 없고 치료에 효과적이라면 이런 물질들을 더 많이 만들어내야 하지 않을까?

"그렇습니다. 독감이 걸렸을 때 처방받는 타미플루가 대표적이죠. 타미플루도 버드나무의 일종인 중국산 팔각해양나무에서 추출한 물질로 만든 거예요. 이런 건 독보적인 기술이기 때문에 이것만 사먹어야 합니다. 특허가 보장된 만큼 수십 년간 전 세계에서 우월적 지위를 누리게 되죠. 화장품과 의약품의 세계는 부가가치가 정말 엄청납니다. 곤충으로 만든 식품의 수십 배에 달하거든요."

○ 향후 곤충 관련 시장은 무궁무진하다

그런데 문제는 그런 단계까지 가기가 무척 힘들다는 것이다. 역시 돈 때문이다. 신물질이 발견되었더라도 막상 임상실험을 하려면 기업 입장에서는 엄청난 부담이 될 수밖에 없다. 전임상에서 성공했어도 임상에서 뒤집어지는 경우가 많은 까닭이다. 그 경우 기업은 수천억 원에 달하는 천문학적인 돈을 투자했다가 몽땅 날리게 된다. 기업의 존망이 걸린 사안인 것이다. 특히 아직 글로벌 메이저 기업에 비해 규모가 작은 국내 제약회사들엔 상당히 부담스런 일로 여겨지는 게 현실이다.

끝없는 도전과 실험으로 많은 물질을 만들어냈는데, 그에 따른 보상

"화장품과 의약품의 세계는

부가가치가 정말 엄청납니다.

곤충으로 만든 식품의 수십 배에 달하거든요."

_ 국립농업과학원 황재삼 연구관

은 없을까?

"여기 소속된 연구원들은 전부 공무원입니다. 그래서 연구관(官)이라는 직함을 쓰죠. 국민의 세금으로 우리가 연구한다는 겁니다. 따라서 연구 성과도 국가에 귀속되는 게 당연하죠. 다만 기술 이전료를 받으면 그 절반은 국가에 귀속되고, 나머지 절반은 함께 연구한 연구관들에게 인센티브로 주어집니다."

31

'밥 못 짓는 쌀' 개발에
10년 바친 쌀 박사

○

○

　　　　　전라북도 전주시에서 하루 종일 쌀농사를 짓는 사람이
있다. 그런데 농부는 아니다. 가끔씩 의사나 약사처럼 하얀 가운을 걸
치기도 한다. 농부라면 추수가 끝난 겨울에 쉬어야 할 텐데, 어찌된 일
인지 그는 겨울에도 온실을 만들어놓고 쌀농사를 짓는다. 게다가 웬만
한 농촌에는 다 있는 이앙기(모를 논에 옮겨심는 기계)와 콤바인(곡물을 수확하
는 기계)을 전혀 사용하지 않는다. 일일이 손으로 모를 옮겨심고, 낫으로
한 포기씩 벼를 베어낸다.

　겉모습만 보면 영락없는 농부인 그는 정지웅 농촌진흥청 작물육종과
연구관이다. 그는 2012년 세계 최초로 가루 전용 쌀을 개발한 인물이기
도 하다. 가루로 빻아서 쓰기 위해 만든 쌀이라 물을 넣고 끓이면 죽처럼
된다. 밥을 해서 먹을 수 없는 쌀이다. 어렵사리 몇 년씩 연구해 밥을 해
먹을 수도 없는 쌀을 만들어내다니 대체 그에게 무슨 사연이 있는 걸까?

○ 햅쌀이 남아도는데, 왜 묵은쌀로 떡을 만드나?

"우리나라에서 나오는 쌀 가공식품들은 대부분 2, 3년 지난 묵은쌀로 만드는 겁니다. 매년 남아도는 햅쌀이 30만 톤인데, 그건 못 쓰고 묵은쌀로 만드는 거죠. 묵은쌀로 만들면 당연히 맛이 떨어지니까 사람들이 많이 사 먹겠어요? 업체들이 햅쌀을 가져다 가공식품을 만들게 하려면 제조 비용을 줄일 수 있는 쌀 품종을 만들어야 한다고 생각했어요."

정지웅 연구관이 밥을 지어 먹을 수 없는 쌀을 만들어낸 이유다. 그는 국내 쌀 가공 산업의 문제점에 대해 상세히 알고 있었다. 그에 따르면 떡, 쌀국수, 쌀과자, 쌀음료, 쌀빵 등 공장에서 대량으로 생산되는 국내 쌀 가공식품 대부분이 묵은쌀로 만들어지고 있었다.

2016년 우리나라 쌀 생산량은 420만 톤이었다. 수요량은 얼마나 될까? 390만 톤이었다. 쌀 의무 수입을 빼더라도 국내에서 생산된 것만 30만 톤이 남는다. 햅쌀도 남아도는데, 굳이 묵은쌀로 가공식품을 만드는 이유가 무엇일까?

"우리나라 쌀 가공 업체 대부분이 규모가 영세해요. 업체 수는 1만 7,000개 정도 되는데, 평균 연매출이 2억 4,000만 원밖에 안 돼요. 규모가 동네 떡집 수준이다 보니 가격이 싼 묵은쌀을 찾을 수밖에 없는 겁니다. 쌀 1킬로그램당 연간 보관 비용만 316원이에요. 이건 세금으로 충당합니다. 그러니까 쌀 가격에 보관비를 얹어주면서도 더 오래 묵어 맛없는 쌀을 싸게 팔아 영세 가공 업체들에 넘기는 셈입니다."

정지웅 연구관이 속해 있는 농촌진흥청은 쌀가루 산업 활성화를 중점 과제로 정하고 관련 연구를 진행 중이다. 매년 수십만 톤이 남아도는 햅쌀을 안정적으로 소비함으로써 쌀 재고를 줄이는 게 목표다. 이를 위해 선택한 방법이 밀가루처럼 쉽게 빻아서 가루를 만들 수 있는 가루용 쌀 품종을 개발하는 것이다.

제분기에 넣어 빻기만 하면 가루로 만들 수 있는 밀과 달리 쌀은 제분 과정이 복잡하다. 물에 불린 쌀의 물기를 없앤 뒤 기계에 넣어 빻은 다음 건조하는 과정을 거쳐야 한다. 쌀 알갱이가 단단해 물에 불리지 않고는 빻을 수가 없기 때문이다. 쌀을 가루로 만들 때 드는 가공 비용은 밀을 가루로 만드는 비용보다 2~3배가량 비싸다. 밀가루 1킬로그램을 만들 때 드는 제분 비용은 200원에서 300원 정도다. 반면 쌀가루 1킬로그램을 만들기 위해서는 600원에서 700원을 제분 비용으로 써야 한다.

"쌀가루를 만드는 데 드는 비용을 밀가루 수준으로 낮추면 영세 업체들도 충분히 햅쌀을 사용해서 식품을 만들 수 있을 거라고 생각했습니다. 밀가루를 만드는 기계와 같은 기계로 쌀가루를 만들 수 있다면, 대형 제분공장에서도 쌀가루를 만들 수 있고요. 지금처럼 일일이 떡집에서 쌀을 빻을 필요 없이 그냥 쌀가루를 사다 쓰는 거죠. 일반 가정에서도 쌀가루를 사다가 음식을 만들 수 있게 되는 겁니다."

○ 8,000분의 1 확률

2012년에 개발한 '수원 542호' 쌀 품종은 현미 상태에서 바로 가루로 빻을 수 있는 쌀가루 전용 품종이다. 국제기구에서 일하다 2006년 농촌진흥청에 입사한 정지웅 연구관이 7년가량을 공들여 개발했다. 품종의 이름은 농촌진흥청이 2014년 전주시로 이전하기 전까지 자리 잡았던 경기도 수원시의 지명에서 따왔다. 수원에서 발견한 542번째 품종이라는 뜻이다. 수원 542호 쌀을 어금니로 두어 번 씹자 쌀알이 부서질 정도로 알갱이가 부드러웠다.

그가 수원 542호 등 새로운 품종을 개발하는 과정은 모래밭에서 바늘을 찾는 일에 비견될 만하다. 그도 그럴 것이 그의 품종 개발 방식은 돌연변이 육종이다. 예컨대 약품 처리를 통해 벼에 돌연변이를 일으킨다. 자연 상태에서 일어나는 돌연변이를 인공적으로 유발하는 것이다. 한 번에 만들어지는 돌연변이 품종은 적게는 수천 종에서 많게는 1만 종이 넘는다. 이렇게 만들어진 돌연변이 품종을 하나하나 심은 뒤 길이, 모양새, 수확량, 수확물의 특징 등을 세세하게 파악하는 게 그가 하는 일이다. 통일벼도 이런 방식으로 개발됐다.

처음 수원 542호와 함께 논에 심어졌던 품종은 8,000종에 달했다고 한다. 이들 품종 거의 대부분이 3년간의 실험 재배 과정을 거치며 신품종 후보군에서 탈락했다.

"8,000종의 벼를 한 품종당 대여섯 포기씩 해서 200평 크기의 논에 심었습니다. 가까이 있는 다른 품종하고 섞이지 않도록 신경 쓰는 게 굉장한 스트레스였습니다."

그가 모내기 작업과 수확 작업을 기계를 쓰지 않고 일일이 손으로 하는 것도 품종이 섞이면 안 되기 때문이다.

수원 542호 품종은 그대로 완성된 것일까? 아니다. 정지웅 연구관은 지금도 단점을 개량한 품종을 계속해서 내놓고 있다. 2014년 농촌진흥청이 전주시로 이전하면서 전주라는 이름을 사용하게 된 전주 614호, 전

"매년 남아도는 햅쌀을 이용해서

쌀가루를 대량으로 생산할 수 있게 되면,

쌀 가공식품도 지금보다 품질이 많이 높아질 것이라고 믿습니다."

_ 농촌진흥청 작물육종과 정지웅 연구관

주 615호, 전주 616호 품종 등이 수원 542호의 개량 품종들이다. 이 품종들은 종자가 줄기에 달린 채로 싹이 나는 수발아 현상을 줄이는 등 계속해서 진화하고 있는 중이다.

○ 그가 계속해서 쌀 연구에 매달리는 이유

2017년 5월 통계청이 발표한 바에 따르면 2016년 우리나라 국민 1인당 연간 쌀 소비량은 61.9킬로그램이었다. 1986년에는 국민 1인당 연간 127.7킬로그램의 쌀을 먹었다. 30년 사이 절반으로 줄어든 것이다. 농촌경제원에 따르면 이런 추세가 지속될 경우 2027년에는 1인당 쌀 소비가 47.5킬로그램까지 줄어들게 된다.

이처럼 사람들이 점점 쌀을 먹지 않게 된 시대에 그가 계속해서 쌀 연구에 매달리고 있는 이유가 궁금했다.

"우리나라는 자동차를 타고 고속도로를 달리면 어딜 가더라도 양옆으로 시원하게 펼쳐진 논이 있잖아요. 세계적으로 이런 풍경을 가진 나라는 우리나라와 일본 등 소수에 불과해요. 지금과 같은 농업 인프라를 갖추는 데 100년이 넘게 걸렸어요. 여기에 들어간 비용만 해도 상상할 수 없는 액수입니다. 이런 논들이 없어진다고 생각해보세요. 정말 안타까운 일입니다. 매년 수십만 톤씩 남아도는 햅쌀을 이용해서 쌀가루를 대량으로 생산할 수 있게 되면, 쌀 가공식품도 지금보다 품질이 많이 높아질 것이라고 믿습니다. 밥이 아니더라도 다른 가공식품으로 쌀을 먹는 수요도 늘어날 거고요."

어렸을 적 어른들은 밥상머리에 앉을 때마다 이렇게 말씀하셨다.

"밥 많이 먹어라. 사람은 밥심으로 사는 거야."

머지않아 이 말은 일상 속에서 사라질지도 모른다. 그 후에는 아예 국어사전이나 속담사전에서도 사라져버릴지 모른다. 그러면 그때 우리는 무슨 힘으로 살아갈까? 고기? 햄? 빵?

한국인은 밥심으로 산다는 말이 그대로 남아 있었으면 좋겠다. 김이 모락모락 나는 갓 지은 밥 한 술은 끼니 이전에 오랜 역사이며, 치열한 삶이며, 간절한 추억이다.

CHAPTER 6

○
○

경험을 뛰어넘어라

THE
RICH
FARMER

32

돼지의 수명은 6개월?

○
○

　　　　돼지의 수명은 얼마나 될까? 이 질문에 대한 답은 두 가지다. 첫 번째는 6개월이다. 통상 한국에서 돼지가 태어나 식용으로 전환되기까지 걸리는 기간이다. 두 번째 대답은 열 살이다. 돼지가 도축되지 않고 자연스럽게 수명을 다할 경우다. 상황에 따라 일찍 죽기도 하지만 최장 17세까지 살기도 한다는 게 축산 농부들의 설명이다.

　국내에서 자라는 돼지들은 대부분 6개월간의 짧은 생을 산다. 안타깝지만 현실이다. 채식주의자나 동물보호단체들은 이를 문제 삼기도 한다.

　그런데 국내에서도 돼지가 열 살까지 사는 농장이 있다. 경기도 이천시에서 '돼지들의 아빠'로 불리는 이종영 촌장이 운영하는 '돼지보러오면돼지' 농장 이야기다. 이곳에서는 100여 마리의 돼지가 천수를 누리며 살아가고 있다.

○ 자유롭게 공연하는 돼지들

물론 식용 돼지가 아니다. 공연을 한다. '돼지보러오면돼지'는 돼지박물관 겸 공연장이다. 매일 오전 9시부터 2시간 간격으로 해피, 카리스마, 힘순이, 꿀순이 등 훈련된 미니돼지들이 다양한 공연을 선보인다. 장애물 뛰어넘기는 기본이고, 고리 넣기와 축구, 볼링도 한다.

식용으로 사육하는 것과 고통을 주면서 훈련시키는 것이 비슷한 것 아니냐는 지적도 있다. 이종영 촌장은 그런 일은 없다고 못 박았다.

"이곳은 돼지가 주인공인 곳입니다. 모든 것에서 돼지의 의사를 최우선으로 합니다."

그게 어떻게 가능할까? 이종영 촌장은 돼지들은 자신을 아프게 한 사람을 알아보고 절대 말을 듣지 않는다고 했다. 아기돼지 때 질병을 막기 위해 예방 주사를 놓는데, 그 아픔을 기억하고 2주간 사람을 피한다고 한다. 때리거나 아픔을 주는 방식으로는 훈련을 할 수 없다는 것이다. 이종영 촌장의 훈련 방법은 철저한 인센티브 방식이다. 장애물을 잘 넘으면 과자를 주는 식이다.

휴식도 자유롭다. 돼지들의 공연 시간은 돼지가 집중할 수 있는 시간인 15분을 넘기지 않는다. 15분이 넘어가면 어차피 말을 안 듣는다. 쉬게 놔둘 수밖에 없다.

"돼지의 아이큐는 75~85정도예요. 3~4세 어린이를 대하듯 해야 합니다."

돼지가 발정기에 있거나 몸 상태가 좋지 않아 공연을 하지 않으려고 한다면 어떻게 될까? 그때는 돼지가 말을 안 듣는 게 공연 주제가 된단다. 이종영 촌장이나 공연 진행자가 무대에 같이 올라 "오늘 이 돼지는 남자친구를 만나러 가고 싶어서 아무것도 안 한다"고 말하며 돼지를 그대로 둔다.

이종영 촌장은 대학에서 축산을 전공한 후 줄곧 돼지를 키우는 일에 몸담았다. 23년 전 입사한 첫 직장은 어미돼지를 사육하는 종돈장이었다. 그곳에서 그는 우수한 어미돼지를 키우는 연구를 했다. 1996년에는 직접 돼지인공수정센터를 창업했다. 우수한 씨돼지의 정액을 찾아다니는 게 그의 업무였다. 그가 댄 정액들은 고품질 식용 돼지의 원천이 됐다.

"지금도 크게 달라지진 않았지만 예전에는 양돈업이 혐오 산업이었어요. 돼지는 탐욕의 상징이었고, 돼지 축사는 더럽다는 인식이 많았습니다."

그는 인공수정에 대해 더 자세히 배우기 위해 찾은 영국과 독일 등 해외의 양돈장에서 이 같은 인식을 바꿀 수 있는 실마리를 봤다.

"해외의 양돈장은 상당히 깨끗하고 쾌적하더라고요. 주변에서도 양돈장을 혐오시설로 인식하고 있지 않았고요. 왜 그럴까 생각했는데, 농장의 역사를 주변 사람들과 공유하고 있는 점이 눈에 들어왔습니다."

유럽의 개별 농장 역사는 생각보다 상세히 기록돼 있었다. '아버지 대에 있었던 농장의 대소사', '이 농장의 첫 돼지' 등에 대한 기록이 있었다. 독일에는 세계 유일의 돼지박물관도 있었다. 박물관을 관람한 후 이종영 촌장은 '나도 돼지에 대한 인식을 바꿀 수 있는 박물관을 만들어야겠다'고 생각했다.

그 후 그는 해외 출장을 갈 때마다 돼지와 관련된 수집품을 사들였다. 멕시코를 여행했을 때 길을 잘못 들어서 군인들의 불심 검문을 받고 돈과 짐을 빼앗겼을 때도 돼지 조각상은 지켰다고 했다. 그렇게 모은 조각상과 인형, 그림 등이 6,800점에 달한다.

결국 그는 2011년 수년간 모은 수집품을 전시하는 박물관을 열었다. 미니돼지를 키워 공연도 시작했다. 1년 만에 유료 관객 2만 명을 돌파했다. 2016년에는 6만 5,000명이 찾아왔다. 단체 관람하는 학생들과 가족 단위 방문객이 각각 2만 5,000명이었다. 외국에서도 찾아왔다. 중국과 대만, 싱가포르 등에서 찾아오는 외국 관광객이 1만 5,000명 정도였다.

○ "돼지고기를 먹지 말라는 게 아니에요"

돼지를 위해 공연 스케줄을 짜고, 돼지와 함께 살아가는 이종영 촌장은 돼지고기를 먹을까, 안 먹을까? 먹는다. 그것도 아주 맛있게 먹는다. 돼지박물관에서도 돼지고기를 활용한 소시지 만들기 체험 프로그램이 있다. 2017년 여름부터는 돼지고기 바비큐, 돈가스 등을 판매하는 레스토랑도 운영하고 있다.

"돼지를 사랑하며 함께 살아가는 것과 돼지고기를 먹는 것은 양립할 수 있는 문제라고 생각합니다. 대신 고마움을 충분히 알고 먹으면 됩니다. 돼지 한 마리가 죽으면 고기를 비롯해서 185가지 제품으로 활용됩니다. 고마운 거죠. 사람들을 위해 6개월 만에 죽어서 이렇게 많은 도움을 주니까요. 박물관에 오는 어린 학생들에게 이 점을 특히 강조합니다."

이종영 촌장은 대신 행복하게 자란 건강한 고기를 먹으라고 당부했다. '뜨거운 감자'인 동물복지 이야기다. '돼지보러오면돼지'에서 먹거리로 사용하는 돼지고기는 모두 성지농장 등 동물복지 농장에서 공급받는 것이다. 그를 비롯한 동물복지 농장주들이 협동조합을 만들어 함께 사업을 키우고 있다. 이 촌장은 소비자들의 인식이 바뀌어야 생산자들도 변한다고 강조했다.

"국내에 동물복지 농장은 10개 남짓입니다. 이게 많이 늘어나지 않는 이유는 단순해요. 수요와 공급의 문제예요. 동물복지 농장을 운영하면 일반 축사에 비해 생산비가 20퍼센트는 더 들어요. 소비자들이 동물복지 돼지고기에 더 비싼 값을 지불할 의사가 있다면 그렇게 안 키울 이유가 없어요. 그런데 그게 어려워요."

그는 그나마 다행스러운 점도 있다고 했다. 소비자 변화가 시작되고 있다는 것이다. 충북 음성 자연목장을 예로 들었다.

"자연목장은 들판에서 풀을 먹고 자란 돼지로 만든 고기를 판매합니다. 특정 부위만 살 수 있는 것도 아니고, 1.8킬로그램에 5만 원을 받는데, 이게 인터넷에 올라가면 바로 완판이 됩니다. 이런 사례가 계속 늘어나면 생산자들도 생각을 바꾸겠지요."

○ 한국의 모쿠모쿠를 꿈꾸다

일본 북부 미에현 이가시에 있는 모쿠모쿠는 일본에서 성공한 체험농장의 대명사로 통한다. 체험농장 몇 군데를 다녀보니 다들 농장의 미래로 모쿠모쿠를 꼽았다. 이종영 촌장도 그랬다. '한국의 모쿠모쿠', '돼지보러오면돼지'가 꿈꾸는 미래다. 이 촌장은 돼지와 말, 곤충과 다양한 교

"돼지 공연은 세상에서 가장 행복한 공연입니다.

먹는 돼지고기도 행복의 관점에서 봐주세요.

먹거리는 생명입니다. 돌봄이 필요해요."

_ 돼지보러오면돼지 농장 이종영 촌장

육 콘텐츠를 결합한 종합 체험농장을 구상하고 있다. 그래서 그는 이미 8,800평가량의 공간을 마련했다.

자연과 동물을 통한 치유도 그의 관심사다. 공연장 옆에 조성한 숲의 이름도 '치유의 숲'으로 지었다. 자연에서 동물과 함께 노닐며 심리적인 치유를 할 수 있는 시간을 주겠다는 취지에서다. 이종영 촌장은 현재 동물매개치료에 대해 공부하고 있다.

해외에서도 그의 농장 '돼지보러오면돼지'에 대해 관심이 많다. 중국에서는 2016년 10월 이종영 촌장의 돼지박물관을 본떠 새로운 박물관을 만들었다. 독일에 있는 박물관과 이천에 있는 '돼지보러오면돼지'에 이어 돼지를 주제로 한 세계 세 번째 박물관이다. 이종영 촌장은 박물관의 전반적인 컨설팅을 해주고, 전시품도 대여해줬다. 중국에서는 그에게 로열티를 지급한다.

"돼지 공연은 세상에서 가장 행복한 공연입니다. 돼지를 보러 온 관람객도, 교육하는 우리 직원들도, 그리고 주인공인 돼지도 모두 즐겁습니다. 먹는 돼지고기도 행복의 관점에서 봐주세요. 먹거리는 생명입니다. 돌봄이 필요해요. 그 가치에 소비자들이 기꺼이 지갑을 열 때 산업이 바뀝니다."

병마 이기려
650미터 제주 숲길을 닦다

○

○

        은행원 이형철 씨는 47세에 쓰러졌다. 뇌졸중이었다. 병원에서 주판알 다섯 개를 왼쪽에서 오른쪽으로 넘기려는데, 그게 잘 되지 않았다. 분했다. 자신의 몸 상태를 받아들일 수가 없었다.

  신협에서 전무까지 하면서 나름 괜찮은 삶을 살았다고 생각한 그였다. 우울증까지 겹쳤다. 가족도 밉고 친구들도 싫었다. 자신의 모습을 다른 사람들에게 보이는 게 창피했다. 무작정 숲으로 들어갔다.

  숲은 자신에게 아무 말도 하지 않았다. 안쓰럽게 보는 시선도, 재활을 재촉하는 목소리도 없었다. 걷는 것조차 불편한 몸을 땅 가까이 낮췄다. 숲에 길을 내보겠다는 생각으로 하루 종일 엎드려 돌을 옮겼다. 몇 번을 비탈길에서 구르고 가시덤불에 다쳤다. 길 내는 것 하나에 몰입하다 보니 아픈 것도 잊었다. 3년이 흐르니 제법 그럴듯한 길이 만들어졌다. 도면도 없이 맨손으로 닦은 650미터의 숲길.

그 숲과 길이 지금 제주도의 대표적인 체험 관광지로 유명한 '환상숲 곶자왈공원'이다. 2016년 한 해 이곳을 방문한 사람만 10만여 명. 아이돌그룹 악동뮤지션과 f(x)의 뮤직비디오, 드라마 〈미씽나인〉의 촬영지로도 알려져 있다. 피아니스트 이루마 앨범의 배경이 되기도 하고, 결혼식장과 콘서트장으로도 쓰인다. 길을 내고 숲을 안내하는 과정에서 이형철 대표의 몸도 완쾌됐다.

○ 과수원 대신 사온 '쓸모없는 땅'

환상숲 곶자왈은 이형철 대표가 23년 전에 사둔 땅이다. 그의 아내 문은자 씨는 당시 곶자왈을 사온 남편을 보고 기가 막혀 말이 안 나왔다고한다. 온갖 수목이 뒤엉켜 우거진 원시림이었기 때문이다.

"남편이 쓸모도 없는 땅을 시세의 30배가 넘는 가격으로 사왔어요. 빚까지 내면서요. 말도 안 된다고 생각했죠. 저는 과수원을 갖는 게 소원이었는데 말이죠. 그래도 남편이 좋아하는 것을 보고 나중에는 그냥 잘했다고 했습니다."

이형철 대표는 전남 해남 출신이다. 집이 가난해 제주에라도 가면 일이 있을까 싶어 초등학교 6학년 때 가족이 모두 바다를 건넜다. 이형철대표는 육지와는 다른 제주의 숲과 나무가 신기했다. 마구 뒤엉켜 있는나뭇가지와 뿌리, 한여름에도 들어서면 서늘한 숲. 나무와 연관된 전시회는 다 다니고 책자도 모았다.

"남들은 곶자왈을 보고 어지럽고 쓸모없는 땅이라 했지만 내 눈에는 아름답게 보였습니다. 그게 설령 가시덤불로 덮여 아무런 농사도 못 짓는 불모지라 하더라도 말입니다."

어디가 나뭇가지인지, 또는 뿌리인지, 덩굴이 나무인지, 나무가 덩굴인지, 흙인지, 아니면 돌인지, 작은 동굴인지… 환상숲은 곶자왈이다. 오직 제주만의 숲이다. 숲이라는 의미의 제주어 '곶', 암석과 가시덤불이 뒤엉켜 있는 모습을 뜻하는 '자왈'이 합쳐진 단어다. 크고 작은 용암 덩어리들이 굳은 땅 위에는 희귀식물이 자란다. 사계절 내내 푸르고, 땅속 깊은 곳에는 강이 흐른다. 여름에는 시원하고 겨울에는 따뜻한 천연 원시림이다.

뿌리는 척박한 바위 위에 자리 잡기 위해 온 사방으로 뻗어나간다. 나무는 볕이 들 공간이 적어 위로, 또 위로 태양을 찾아 오르면서 꼭대기에 이르러서야 잎이 돋았다. 땔감으로 베어진 줄기를 덩굴이 감아 돌며 그 안에서 자라는 새 생명. 이형철 대표는 3년간 길을 내면서 이 곶자왈의 생명력에 감동했다.

"약해졌던 내게 나무들이 말해줬습니다. 자기는 돌을 뚫고 자랐다고. 허리가 잘렸는데도 다시 자랐다고. 억척스럽게 이 땅에 적응하고, 악착같이 일어났다고."

나무도 생명이기에 우리 삶과 같지 않을까 했다. 아니, 우리보다 오히려 더 치열하게 살아가고 있는 것처럼 보였다. 힘든 세월을 견디고 버티면서 살아가는 나무들을 보며 그는 삶을 다시 배웠다.

아내 문은자 씨는 곶자왈이 남편을 살렸다고 말한다.

"남편의 몸과 마음이 아팠을 때는 그저 남편이 살아 있고, 옆에 있다는 것만으로도 감사하게 느껴졌습니다. 숲에 혼자 들어갔을 때도 걱정이 됐지만 뭔가 목표를 가지고 몸을 조금이라도 움직이면 낫지 않을까 싶어 그냥 두었습니다. 지금 생각해보면 그렇게 움직이며 숲길을 내었던 게 작업 치료가 됐던 게 아닌가 싶습니다. 결국 곶자왈이 우리 가족을 살리는 숲이 되었네요."

○ 숲으로 돌아온 딸, 이야기를 입히다

숲에 길이 생기자 동네 사람들이 하나둘씩 찾아왔다. 인근 학교에서 아이들도 왔다. 건강을 회복하고 근처에서 농사를 짓던 이형철 대표는 그게 반가웠다. 자신의 몸을 치료해준 숲 이야기를 해주고 싶었다. 농촌진흥청에서 교육을 받고 2011년 농촌교육농장으로 문을 열었다. 어느새 농사일은 뒷전이 됐다. 아예 자신이 지금까지 숲을 겪으면서 느낀 점을 이야기로 정리해 안내하는 숲 일을 주업으로 삼으면 어떨까 싶었다.

그렇게 연 공간이 '환상숲 곶자왈공원'이다. 처음에는 하루에 달랑 한두 명만 찾아왔다. 남편이 숲 해설을 하고 아내는 매표를 하는 식이었다. 정해진 해설 시간도 없었고, 사람이 올 때까지 기다렸다가 그때 숲해설을 했다. 그러다가 서울에서 농촌컨설팅 연구원으로 일하던 딸 이지영 씨를 불렀다. 딸은 한 달 휴가를 받아 제주로 내려왔다. 함께 이야기를 쌓아갔다. 아버지가 3년 동안 길을 내면서 보고 느낀 것들이 지영 씨의 손을 거쳐 아름다운 곶자왈 스토리로 재탄생했다.

그다음에는 애써 홍보를 하지 않아도 사람들이 찾아오기 시작했다. 환상숲 이야기를 들은 사람들이 모두 각자의 자리로 돌아가 홍보대사가 됐다. 만화가는 만화(애니메이션 〈해피바이러스〉)를 그렸고, 작곡가는 작곡(이루마 피아노 연주회)을, 사진가는 사진(이광호 사진전)을 찍었다. 개원 첫 해 5,000명이었던 방문객이 2016년 10만 명까지 늘었다. 모두가 숲에서 사람을, 인생을 봤다.

"환상숲은 지금도 여러 사람들의 손에 의해 새로운 문화와 이야기가 입혀지는 중입니다." 숲 해설가로 변신한 지영 씨의 말이다.

방문객이 늘어나면서 지영 씨는 아예 서울 생활을 접고 제주로 내려왔다. 숲이 가진 이야기도 더 풍성해졌다. 지금 환상숲에 가면 길을 닦은 이형철 대표와 아내 문은자 씨, 딸 지영 씨, 사위 노수방 씨가 준비한 숲 해설을 시간대별로 들을 수 있다. 혼자 걸으면 15분이면 끝나는 길이지만 이들이 전하는 이야기와 함께 걸으면 50분이 금방이다.

"숲의 모습은 예전이나 지금이나 같습니다. 하지만 예전에는 어수선하고 으슥한 가시덤불로 여겼던 사람들이 지금은 자연 상태 그대로의 아름다운 숲으로 봐주십니다. 아버지께서 몸을 회복하시고 용돈벌이 정도나 하자고 시작했던 일이 이제는 네 가족이 일하고 직원도 넷이나 두는 숲으로 변했네요."

○ 곶자왈이 맺어준 '제주 여자 – 서울 남자'

딸에게도 동화 같은 일이 일어났다. 지영 씨의 숲 해설을 인상 깊게 본 한 신사가 자신의 아들을 소개하겠다고 나선 것이다. 그렇게 닿은 인연으로 지영 씨와 수방 씨는 2015년 환상숲에서 결혼식을 올렸다.

"아내를 처음 보자마자 솔직하고 수수한 매력에 반했습니다. 대학교 학생식당에서 비빔밥을 먹으면서 처음 만났는데, 스킨로션도 안 발랐더라고요. 그 모습에 끌렸던 것 같습니다."

숲 속으로 장가를 온 노수방 씨의 말이다.

신부 대기실과 연단은 아버지인 이형철 대표가 직접 돌로 만들었다. 한국전력에서 일하던 수방 씨는 회사를 그만두고 제주로 내려와 환상숲 경영에 참여하고 있다.

"저는 서울에서 자랐습니다. 고향이라는 단어를 들어도 따로 떠오르는 곳이 없었는데, 대학 시절 제주를 여행하면서 이런 게 고향이 아닐까 하는 생각이 든 적이 있습니다. 올레길을 다 걸을 만큼 제주를 사랑했고, 그보다 더 사랑하는 아내를 만나 제주로 왔습니다."

수방 씨는 서울에서 회사 생활을 할 때보다 지금이 훨씬 더 바쁘다고 한다.

"전공이 환경공학이라 원래 자연과 환경에 관심이 많았습니다. 하지만 그전에는 아무래도 물리, 화학적 관점으로 보다 보니 자연에 접근하기가 쉽지 않았는데, 오히려 지금 전공지식이 많이 도움이 됩니다."

얼마 전에는 지영 씨와 수방 씨의 2세도 태어났다.

곶자왈 지대는 제주도 면적의 6.2퍼센트 정도다. 하지만 곶자왈의 60퍼센트가량이 사유지로 골프장, 관광단지 개발과 토석 채취, 재선충 등으로 상당 면적이 이미 잘려나갔다. 환상숲은 '곶자왈사람들'이라는 단체와 연계해 곶자왈 식생조사를 벌이고 있다. 곶자왈은 제주의 대표적인 생태자원, 국내 양치식물 360여 종의 80퍼센트가 서식하는 희귀식물의 보고다. 압록강에서 자라는 골고사리 같은 북방계 식물과 남방계 식

"저희는 숲에 필요한 사람이 되고 싶습니다.

제주에 곶자왈이라는 아름다운 숲이 있고,

그 안에 행복하고 화목한 가족이 살더라고 불리고 싶습니다."

_ 환상숲 곶자왈공원 이형철 대표

물이 공존한다. 환상숲 가족은 사라져가는 곶자왈을 보전하기 위한 활동에도 참여한다.

"저는 가끔 이런 생각까지 합니다. 차라리 숲이 다 파괴돼버렸으면 좋겠다고. 사람들은 모든 걸 다 잃어버린 후에야 후회합니다. 얼마나 중요한지 그렇게라도 깨달으면 좋겠다고요. 저도 몇 년 전까지는 숲을 인간이 소유할 수 있고, 개발할 수 있는 자원으로 생각했습니다. 하지만 숲에서 일하다 보니 생각이 달라졌습니다. 숲을 가만히 두고 지키는 것만큼 멋진 투자도 없습니다."

수방 씨는 이제 곶자왈 보전의 첨병이 되었다. 환상숲의 목표는 숲의 원형을 보존하면서 주변 사람들과 함께 조금씩 앞으로 나아가는 것이다. 홀로 욕심을 내기보다는 마을의 식당과 협업하는 것, 또는 지역 초등학교 아이들에게 숲 교육을 하는 것, 혼자 성큼성큼 가는 게 아니라 사람들과 함께 숲을 지키겠다는 것이 가족의 생각이다.

"사람은 숲을 필요로 하지만 숲은 사람을 필요로 하지 않습니다. 저희는 숲에 필요한 사람이 되고 싶습니다. 제주에 곶자왈이라는 아름다운 숲이 있고, 그 안에 행복하고 화목한 가족이 살더라고 불리고 싶습니다. 숲과 닮은, 맑은 가족이 말입니다."

이형철 대표의 말을 들으니 아름다운 동화책 한 권을 읽고 난 듯 머릿속이 맑아졌다.

300억 원짜리 6차 산업
성공 비결은 1차 산업

○
○

       강원도 원주시 지정면. 한적한 산골마을 한쪽에서 매일 서너 차례 돼지들의 달리기 경주가 벌어진다. 축사를 나온 돼지들은 출발을 외치는 신호가 떨어지면 연못을 돌고 계단을 따라 올라간다. 구름다리와 미끄럼틀까지 통과하고 나면 결승선이다. 정해진 코스를 돈 돼지들은 마당으로 나와 아이들과 어울린다. 아이들은 먹이를 던져주며 즐거워하고, 돼지는 먹이를 찾아 이곳저곳을 누빈다. 원주의 대표적인 체험 관광지인 '돼지문화원' 풍경이다.

  돼지문화원을 운영하는 장성훈 대표는 스스로를 '6차 산업 전도사'라고 부른다. 그는 1997년에 돼지농장 운영을 시작했다. 그로부터 14년 뒤인 2011년 돼지문화원을 열었다. 농장에서는 돼지를 기르고(1차 산업), 가공공장에서는 소시지와 돈가스를 만들며(2차 산업), 돼지문화원에서는 각종 체험 프로그램을 진행한다(3차 산업). 이를 다 더하거나 곱하면 생산·

가공·체험을 한데 묶은 6차 산업이 된다.

돼지농장에서 기른 돼지를 판매해 거두는 1차 산업 연매출은 약 200억 원. 가공식품과 체험 프로그램으로 벌어들이는 2차, 3차 산업 매출은 각각 50억 원가량이다. 균형 잡힌 6차 산업 구조를 갖추고 있는 것이다.

○ 핵심은 1차 산업, 근간을 다져라

그가 말하는 6차 산업의 성공 비결은 무엇일까? 그는 강연 기회가 있을 때나 후배 농업인들이 조언을 구할 때 꼭 이야기해주는 몇 가지 원칙이 있다고 했다.

장성훈 대표는 6차 산업에서 가장 중요한 것은 1차 산업이라고 강조한다. 실제 1차 산업이 어떤 방식으로 운영되는지와 생산물 유통에 대한 노하우와 지식이 없으면 성공하기 어렵다는 지적이다. 1차 산업에 대한 이해가 중요하다는 것을 강조하는 이유는 단순하다. 6차 산업은 1차 산업에 기초하고 있기 때문에 1차 산업이 없으면 6차 산업도 없다는 것이다. 멋을 부리거나 한탕주의로 접근하면 안 된다는 이야기다. 그런데 몇 년 전부터 정부가 6차 산업을 육성하기 시작하면서 정부 보조금과 지원금을 노리는 기획 창업이 늘고 있다고 그는 꼬집었다.

"기본에 충실하지 않고 겉만 번지르르하게 꾸며놓은 6차 산업 기업들은 정부 지원금이 끊어지면 바로 어려움을 겪고 맙니다. 이를 극복할 수 있는 것은 본업을 철저히 지키며 신중히 접근하는 것뿐이죠."

장성훈 대표는 돼지문화원의 가공식품이 인기를 끄는 것은 돼지 자체의 품질이 좋기 때문이라고 보고 있다. 그의 브랜드인 '치악산 금돈'은 '금보육종'이라는 종돈회사가 육성한 품종으로 인공수정센터에서 연구한 결과를 바탕으로 만들어낸 것이다.

"160일 만에 키우는 속성 사육 대신 2~3주 정도 더 키우면서 200일까지 채워 육질을 개선했습니다. 서비스와 체험 등은 열심히 노력하면 어느 정도 따라올 수 있지만 근본적인 제품력은 다른 곳들이 따라오기 어렵다고 자부합니다."

장성훈 대표가 이런 이야기를 자신 있게 할 수 있는 것은 그가 대학을 졸업한 뒤 돼지농장에서 일하면서 1차 산업을 '제대로' 배웠기 때문이다. 그는 대학 졸업 후 국내 유력 종돈기업 중 하나인 다비육종에 입사하며 사회생활을 시작했다. 종돈기업은 일반 축산기업이 어미돼지로 활용할 수 있는 돼지를 육성한다. 그는 이 회사의 종자돼지 영업부장을 지냈다.

"돼지를 직접 돌보는 일부터 우수한 정액을 가져와 좋은 종돈을 육성하는 일까지 많은 일을 경험했습니다."

6차 산업의 가능성을 본 것은 1992년이다. 우수 사원으로 뽑혀 일본 연수를 가게 된 게 계기가 되었다.

"사이보쿠현에 있는 돼지농장으로 연수를 갔어요. 농장을 하던 곳에 갑자기 온천이 터진 거예요. 사람들이 찾아오니까 자연스럽게 돼지고기 식당을 운영하게 된 것을 보면서 1차 산업이 소비자를 직접 만나는 것도 좋은 사업 모델이라는 생각이 들더라고요."

그는 1997년 다비육종을 나와 돼지 사업을 시작했다. 처음에는 사이보쿠에서 느꼈던 사업 모델은 엄두도 못 냈다고 한다. 창업 후 바로 터진 외환위기 탓이다. 당장의 돼지농장을 건사하는 것도 힘들던 시기였다.

그가 치악산 금돈이라는 브랜드를 만들어 소비자들을 만나기 시작한 것은 2008년부터다. 10년이 넘게 지나서야 그는 6차 산업에 한 걸음 다가갔다. 원주 시내에 50석 규모의 식당을 마련했다. 그러다 2011년 전국적으로 구제역이 퍼지면서 돼지를 대량으로 파묻었다. 이를 계기로 사업 다각화의 필요성을 느꼈고, 그 결과가 지금의 돼지문화원이다. 80억원가량을 들여 건물을 올리고 직원을 뽑았다.

"큰 투자를 해 다 갖춰놓기만 하면 잘될 줄 알았죠. 하지만 아니었습니다."

○ 과욕을 부리면 안 된다

2011년 돼지문화원의 직원은 40명이었다. 1층 커피숍에만 3명의 직원을 뒀다. 서비스업을 하려면 직원이 많아야 한다고 생각했다. 인건비 등의 영향으로 매달 적자가 쌓여갔다. 분명 40명의 직원들이 모두 열심히 일을 하는데, 적자 폭이 커졌다. 적자가 쌓여가는 장부를 보며 이건 아닌 것 같다는 생각이 들었다.

"결국 감원이 시작됐어요. 30명 정도로 줄이면 될까 싶었는데, 나중에는 20명까지 줄였습니다. 10명이 줄면 연 10억 원을 절약하는 셈이더라고요. 그런 계산이 전혀 안 된 채로 규모만 키워놨던 것이지요."

지금도 돼지문화원에는 식당 직원을 포함해 22명이 일하고 있다. 주말에는 아르바이트생을 더 고용하지만 기본적으로 20여 명이 정직원이다. 첫 해 3명의 직원을 둔 커피숍도 지금은 무인(無人)으로 운영한다. 그는 50억 원 매출에 20여 명이 딱 적당한 규모인 것 같다고 했다.

가공공장을 짓고, 소시지 제조를 본격적으로 시작한 2012년에도 비슷한 경험을 했다.

"소시지에 카레도 넣고, 청양고추도 넣고, 총 일곱 가지 맛의 소시지를 팔려고 했었죠. 그런데 종류가 많으니까 재고 관리가 안 되는 거예요. 어떤 제품은 부족하고, 어떤 것은 모자라는 일이 발생했죠. 역시 안 되겠다 싶어서 소시지 수도 절반 가까이 줄였습니다. 지금은 단 네 종류만 팔아요."

메뉴 종류도 비슷한 절차를 거쳐 줄였다. 야심차게 시도했던 핫바와 베이컨은 이제 만들지 않는다. 대신 돈가스와 소시지, 육포에 집중했다. 그가 여러 차례 시행착오를 겪으며 깨달은 것은 '무리하지 않는 것'이다.

이런 경험을 했던 그는 6차 산업을 해보고 싶다는 사람들이 찾아오면 돼지문화원 같이 큰 사업으로 시작하지 말라고 조언한다. 투자를 크게 하는 것이 정답이 아니라는 것이다. 오히려 대규모로 투자하면 자금 사정이 안 좋아지는 등 어려움이 찾아올 때 버티지 못할 수 있다고 그는 설명했다.

그가 생각하는 이상적인 6차 산업 형태는 가족농이다.

"장인정신을 갖고 있는 농부를 중심으로 한 가족 경영 형태가 6차 산업의 적합한 사업 모델인 것 같습니다. 가족 노동력을 중심으로 사업체를 운영해 연매출 5억 원 정도를 바라보는 것이 합리적이에요."

○ 일반 제품보다 50퍼센트 비싼 제품을 만들어라

돼지고기는 흔한 식품이다. 2016년 국민 1인당 돼지고기 소비량은 24.1킬로그램이었다. 식당에서 삼겹살 1인분이 150~200그램이라는 점을 고려해 단순 계산하면 1년에 약 120~160끼에 해당하는 돼지고기를 먹은 셈이다. 부위도, 요리법도 다양하다.

수많은 돼지고기와 돼지고기 가공품 속에서 6차 산업 기업들은 어떻게 해야 할까? 장성훈 대표는 대기업 계열의 축산회사들이 쏟아내는 물량과 직접적으로 경쟁해서는 승산이 없다고 생각한다.

"그들의 시장에 들어가면 안 돼요. 차별화를 해야 합니다."

차별화는 가격인데, 의외로 더 비싸게 팔아야 한다는 지론이 나왔다.

"대기업 제품보다 50퍼센트 비싼 제품을 개발하는 것이 살 길입니다. 소규모로 생산하되 품질과 아이디어를 더해 소수의 단골을 만들어야 하는 거죠."

장성훈 대표는 돈가스를 예로 들었다.

"일반적으로 돈가스 가공품에는 배터 믹스가 들어갑니다. 돼지고기에 배터 믹스를 바르고, 빵가루를 더해 만드는 거죠. 그런데 저희 돈가스에는 배터 믹스 대신 현미 가루를 씁니다. 배터 믹스는 인공적으로 혼합된 공산품이기 때문에 돈가스의 가치를 높이는 데 도움이 안 될 거라고 생각했어요. 그래서 이를 대체할 수 있는 방법을 연구하다가 현미 가루를 주목하게 됐습니다. 이 방법이 지금은 특허 등록돼 있습니다."

소시지 제조 과정에서도 비슷한 고민이 있었다. 소시지 내용물을 품질 좋은 돼지고기로 하겠다는 것은 이미 정해놓은 상황이었지만 소시지

"장인정신을 갖고 있는 농부를 중심으로
한 가족 경영 형태가 6차 산업의
적합한 사업 모델인 것 같습니다."

_ 돼지문화원 장성훈 대표

를 담을 케이스를 무엇으로 할 것인지가 고민이었다. 콜라겐으로 만든 인공 용기를 쓰는 방법과, 돼지의 소장을 활용하는 방법 사이에서 그는 돼지 소장을 택했다.

"가격은 콜라겐 용기가 훨씬 쌌죠. 경우에 따라 내용물보다 돼지 소장 값이 더 비쌀 때도 있을 정도였어요. 하지만 씹는 맛이나 영양을 생각했죠."

체험 농장 인터뷰에서 빠지지 않고 언급되는 일본 모쿠모쿠 농장 이야기가 이번에도 나왔다. 장성훈 대표도 모쿠모쿠가 부럽다고 했다. 하지만 그의 관점은 조금 달랐다.

"모쿠모쿠가 부러운 것은 잘 꾸며놓은 체험장도, 돼지고기로 만드는 가공식품 기술도 아니에요. 소비자들이 그들이 만드는 제품에 거의 무조건적인 신뢰를 보내준다는 점이 부럽습니다."

장성훈 대표에 따르면 모쿠모쿠는 축산업이 기반이지만 맥주와 와인, 빵 등 다양한 제품을 만든다.

"사실 축산 농가가 빵을 만들었다고 생각하면 조금 뜬금없잖아요. 하지만 그들의 철학과 농장 운영 방식, 명성 등을 고려하면 그들이 만든 빵도 훌륭할 것이라는 생각이 소비자들에게 깔려 있는 것 같아요."

그도 돼지문화원을 그런 곳으로 키우고 싶다고 했다.

"하우스 맥주, 와인, 감자떡을 개발해보고 싶어요. 신뢰받는 기업이 된다면 충분히 가능할 것이라고 생각합니다."

꽃에 꽂힌 부녀가 만든,
논밭 위 유리온실

○

○

2015년 세계꽃식물원 리모델링 현장. 식물원 직원들 사이에 갑론을박이 벌어졌다. 피라미드 모양의 커다란 구조물을 두고서다. 이 피라미드는 예전에 했던 국화전시회를 위해 남기중 식물원장이 직접 제작한 것. 직원들은 대부분 버리자고 했다. 쓸모가 없는데, 너무 크다는 이유였다. 피라미드를 만든 남기중 원장은 아쉬운 표정으로 중얼거렸다.

"원래 피라미드 가운데로는 좋은 기운이 모인다는데…."

네덜란드에서 수입한 구근을 담았던 상자들, 비료가 실렸던 드럼통, 공사 현장에서 주워왔다는 컨테이너…. 식물원에는 이런 것들이 많았다. 딱히 쓸모는 없지만 남기중 원장이 버리지 않고 지난 12년간 모아둔 것들이다. 리모델링을 맡은 '아크166'은 이 '원장의 보물들'을 그대로 살리기로 했다.

"한 공간에서 그 공간보다 사람이 먼저 느껴지려면 얼마나 많은 시간과 정성을 쏟아야 하는 걸까요? 투박했지만, 그 투박함이 오히려 식물원의 역사를, 또 그걸 일궈온 남기중 원장의 역사를 생생하게 담아내고 있었습니다."

아크166 관계자의 말이었다.

○ 꽃에 미친 아버지, 남기중 식물원장

충청남도 아산시에 있는 세계꽃식물원은 1년 내내 꽃을 볼 수 있는 곳이다. 논밭 위에 세워진 유리온실에 3,000여 종의 꽃이 자란다. 아산 지역 화훼 농민들이 힘을 합쳐 2004년 문을 열었다. 5,000평 규모의 식물원은 화려한 정원이라기보다는 꽃이라는 농산물 전시장에 가깝다.

식물원 교육센터의 의자는 꽃 구근을 담았던 상자고, 로비를 비추는 조명 재료는 화분 받침이다. 공사 현장에서 가져온 컨테이너 박스로는 아예 매표소를 만들었다. 남기중 원장이 직접 제작한 피라미드는 식물원의 시그널 타워로 변신했다. 버려야 할 물건들이 식물원을 구성하는 소재로 재탄생한 것이다.

이 식물원에는 희귀식물이 별로 없다. 정원이나 길거리에서 볼 수 있는 꽃들이 대다수다. 화분이나 장식도 소박하다. 튤립 화분은 못 쓰는 우유 상자를 쌓아 올렸다. 어떤 꽃은 아예 폐타이어 안에 심었다. 남기중 원장이 이것저것 주워와 직접 만든 것이다.

그런데도 매년 15만~20만 명이 이 식물원을 찾는다. 재방문율도 높다. 조금 투박하고, 그저 툭 던져놓은 것 같지만, 그런 자연스러움을 좋아하는 사람들이 식물원과 남기중 원장에게 환호한다. 전시 온실 바로 옆에는 아산아름다운정원영농조합법인의 재배 온실이 있다. 지역 농민들이 20여 년간 꽃을 직접 키워온 곳이다.

남기중 원장은 꽃에 미친 남자다. 건국대 원예학과를 나와 종묘회사에서 꽃 수출 일을 했다. 1986년 아시안게임을 앞두고 화훼 붐이 일자 직접 농사에 뛰어들었다. 1988년 서울올림픽을 앞두고 성화 봉송로 주변에 심을 대규모 국화 주문을 받았다. 신이 나서 열심히 길렀다. 그런데 갑자기 주문이 취소됐다. 상당한 자금이 들어간 터라 타격이 컸다. 모든 것을 정리하고 호주로 떠났다. 2년 동안 남의 땅에 농사를 지어주며 살았다.

호주에서 돌아온 그는 제 땅에 제 농산물을 키우고 싶었다. 농가 12곳과 힘을 합쳐 영농조합을 만들었다. 1994년 아산에 대규모 화훼농원을 조성했다. 하지만 이번에는 외환위기가 닥쳤다. 꽃은 사치품으로 전락했다. 매출은 급감했고 조합원들은 떠났다. 경제적으로도 힘들었지만 마음고생이 더 심했다. 그러다 2002년 망했던 농원 일부를 바꿔 식물원을 조성하기 시작했다. 영농조합을 새로 구성하고 재배지 1만 7,000평 중 5,000평을 식물원으로 리모델링했다.

그게 바로 지금의 세계꽃식물원이다. 식물원의 꽃은 영농조합을 비롯해 농가에서 생산한 것들이다. 개관 소식이 알려지면서 자신의 식물을 전시해 달라고 가져오는 사람들도 있었다. 5,000평의 공간이 석 달 만에 식물들로 가득 찼다.

"관람객이 오시면 '여기 뭐가 귀한 거예요?'라고 물어봅니다. 그런데 어떻게 보면 저희 식물원에는 희귀식물이 없어요. 다 농민들이 농사짓고 있는 것들이지요. 그래서 다 귀합니다. 저는 설명할 때 이 꽃은 대한민국 농가 누군가가 키우고 있는 거라고 말씀드립니다. 그에 얽힌 스토리를 풀어나갑니다."

○ 꽃을 키우고 싶은 딸, 남슬기 LIAF 대표

남슬기 LIAF 대표는 아버지 남기중 원장의 꽃 사랑을 그대로 보고 자랐다. 꽃 하나에 평생을 바쳐온 아버지를 존경했지만, 세상과 타협하지 않는 아버지의 고집불통이 답답할 때도 있었다고 한다. 2009년 대학을 졸업한 후 식물원 경영에 합류했다. 주변에서는 그 스펙에 왜 시골에서 농사일을 하려 하느냐고 물었지만 남슬기 대표는 아랑곳하지 않았다.

식물원을 더 잘 보여주고 싶었다. 아버지의 투박한 열정을 더 멋지게, 더 세련되게. 하지만 영농조합과 식물원의 농부들은 서비스업에 미숙했다. 농사일밖에 몰랐다. 서비스에 초점을 맞춘 영농법인의 자회사를 하나 세우자고 결심하게 됐다. 남슬기 대표가 카이스트 MBA(경영학 석사)를 받은 뒤 설립한 자회사가 LIAF다. 'Life is a flower'의 앞 글자를 땄다.

그녀는 왜 꽃이 사회적 이슈가 돼야 하는지를 고민해왔다. 꽃은 치료제가 아니다. 다만 영화와 음악처럼 사회에 다양한 색을 입힐 수 있는 도구가 될 수 있다고 생각했다.

"음식이 육체적인 배고픔과 목마름을 해결하듯이 꽃은 정서적 허기를 해결할 수 있지 않을까요?"

LIAF의 사업은 전시된 꽃을 그저 보는 것을 넘어선다. 가든센터라는 공간을 통해 생활 속에서 꽃을 즐길 수 있는 다양한 방법을 소개한다. 원예 프로그램, 다양한 제품, 식음료 서비스까지. LIAF를 세우면서 식물원도 리모델링했다. 세계꽃식물원과 LIAF는 한 '부모'(영농조합)에게서 태어났지만 성향은 다른 '형제'다. 식물원이 듬직하고 든든한 맏이라면, LIAF는 붙임성 좋고 애교 많은 늦둥이 같다.

그녀는 아버지에게 '우리다움'을 잃지 말자고 한다. 조금은 늦게 가도 괜찮다고 말한다. "우리 지금까지 잘해왔잖아요. 너무 조급해하지 말고, 우리 색을 잃지 말고, 천천히 가자고 해요. 그동안 쌓아온 식물원의 이야기를 더 멋지게 풀어내되 해왔던 것처럼 그저 뚜벅뚜벅 걸어가자고요."

식물원 방문객 중 일부는 아무 생각 없이 꽃을 따서 주머니에 넣는다. 몰래 캐가는 사람도 있다. 남기중 원장과 남슬기 대표는 이런 '서리' 행위를 강력하게 막는다. 어떤 이들은 그들에게 "시골 인심이 팍팍하다"고도 했다. 하지만 남슬기 대표는 강경했다.

"농사는 시간 싸움이에요. 한 송이의 꽃을 피워내려고 얼마나 많은 농부들의 시간이 들어가는지 모릅니다. 그걸 그렇게 함부로 따면 안 되죠."

식물원 입장료는 8,000원이다. 비싸다고 하는 사람들도 있지만 남슬기 대표는 식물원에 전시된 꽃의 가치를 낮추고 싶지 않다고 했다. 그래서 소셜커머스에서 흔한 입장료 할인 같은 것도 하지 않는다. 식물원 가든센터에서 살 수 있는 식물에는 정확한 가격이 붙어 있다. 정찰제다. 꽃이며 농산물에 대한 소비자 인식을 바꾸기 위한 시도다.

"보통 화분 2,000원짜리 5개 사면서 하나 더 덤으로 원하는 경우가 많아요. 농산물이 특히 그렇죠. 하지만 저희는 할인이 없어요. 우리 농산물이 제대로 된 가격으로 정확히 팔리길 바랍니다."

남기중 원장 부녀는 앞으로 꽃 문화가 제대로 자리 잡지 못한다면 한국의 화훼 산업은 무너질 것이라고 했다. 그래서 그들은 일상에서, 누구나 쉽게 접할 수 있는 꽃을 꿈꾼다. 그 접점이 식물원에도 있는 가든센터라고 본다. 화분이나 식물은 물론이고 상토, 비료, 농기구나 울타리를 쉽게 살 수 있는 곳. 유럽에는 소도시에도 이런 가든센터들이 많이 있다.

"대형 유통 업체들이 꽃 유통에 뛰어든다면 생산자들이 좀 더 나아질지 모르겠어요. 하지만 꽃은 특수성이 있어요. 살아 있는 식물이잖아요. 유통을 아무리 잘 안다 하더라도 꽃 자체에 대한 이해가 떨어지면 안 됩니다. 지금 문화센터가 근처에 많이 있듯이 가든센터도 지역마다 랜드마크처럼 생긴다면 꽃을 향한 사람들의 인식도 달라질 겁니다."

남기중 원장의 확고한 꽃 철학이다.

○ "꽃 한잔 드세요!"

정찰제를 중요하게 생각하는 식물원이지만 그동안 꾸준히 나눠온 것도 있다. 다육식물이다. 10년쯤 전부터 식물원 방문객에게 나눠준 게 100만 개를 넘었다. 다육식물 키우기 문화를 조성하는 데 일조했다고 믿는다. 어떤 방문객은 집에 텃밭이나 정원이 없어 심을 곳이 마땅치 않다고 했다. 그럴 때면 남기중 원장은 "그러면 평소 잘 다니는 길에 심어놓고 여러 사람이 지나가면서 볼 수 있게 하라"고 권유한다.

"꽃은 특수성이 있어요. 살아 있는 식물이잖아요.

유통을 아무리 잘 안다 하더라도

꽃 자체에 대한 이해가 떨어지면 안 됩니다."

_ 세계꽃식물원 남기중 원장(오른쪽)과 남슬기 대표(왼쪽)

"식물원에 온다는 것 자체가 식물을 사랑할 수 있는 사람들이라고 생각했습니다. 처음에는 별 관심이 없더라도 다육식물을 집에 가져가서 두고 보면서 식물 키우는 게 재미있는 일이란 걸 알게 됐을 겁니다."

최근에는 튤립 알뿌리도 나눠줬다. 식물원에서의 시간이 집까지 이어지길 바라는 마음에서다.

이들은 꽃 문화를 허례허식으로 볼까봐 걱정한다. 대단한 게 아니라 그냥 꽃이다. 최근 꽃꽂이나 가드닝 열풍이 불고 있는 것은 긍정적이지만 잘못 향할 경우 오히려 '꽃=사치'라는 이미지만 굳힐 수도 있다. 소수의 '힙한 문화(최신 유행을 잘 알고 따라가는 문화 현상을 일컫는 신조어)'로만 비쳐지게 되면 안 그래도 허약한 시장이 더 망가질 수도 있다는 설명이다.

"올림픽 치르기 위해 붐을 일으키는 식의, 또는 일회성 행사에 쓰이는 식의 꽃으로는 더 이상 안 됩니다. 꽃이란 농산물을 보다 문화적으로 접근했으면 합니다."

남슬기 대표는 '꽃 한잔 드세요!' 캠페인을 진행 중이다. 커피 한잔처럼 꽃 한 송이를 일상에서 사자는 캠페인이다. 카이스트 MBA 때 해봤던 시뮬레이션도 성공적이었다.

"커피도 문화가 없었지만 테이크아웃 잔과 상점들이 늘어나면서 자리 잡았죠. 꽃도 그럴 수 있지 않을까요? 멋지고 대단한 게 아니라 집에 김치 담는 통에 심어도 되는 게 꽃이거든요."

남기중 원장은 아직도 폐타이어나 공사 자재 같은 것을 잘 주워온다. 다 쓰고 난 구근 박스와 화분 받침도 쉽게 버리지 못한다. 일상에 친숙한 소재들이 꽃을 더 빛나게 할 수 있다고 생각한다. 우리나라 꽃도 그렇게 일상에 자연스럽게 스며들 날이 올 것이라 믿는다.

한국의 젊은 부자 농부들

리치 파머

제1판　1쇄 발행 | 2018년 7월　2일
제1판 10쇄 발행 | 2021년 8월 20일

지은이 | 김철수 · 김재후 · 고은이 · 강진규 · 홍선표
펴낸이 | 유근석
펴낸곳 | 한국경제신문 한경BP

주소 | 서울특별시 중구 청파로 463
기획출판팀 | 02-3604-590, 584
영업마케팅팀 | 02-3604-595, 583　FAX | 02-3604-599
H | http://bp.hankyung.com　E | bp@hankyung.com
F | www.facebook.com/hankyungbp
등록 | 제 2-315(1967. 5. 15)

ISBN 978-89-475-4372-9　03320

책값은 뒤표지에 있습니다.
잘못 만들어진 책은 구입처에서 바꿔드립니다.